小古文大发现

古人娱乐之趣

罗才军 编著

ZHEJIANG UNIVERSITY PRESS
浙江大学出版社
·杭州·

总　序

于雅言传承中领略百态人生

毋庸讳言，流传至今的文言典籍中，蕴藏着中华民族极高的智慧和深切的情怀，后世浩如烟海的著述不过是它们的演化与注解，否则金克木先生不会有“书读完了”的慨叹。所以孩子们阅读文言经典，能为他们播下安顿生命的种子，使他们有机会成为从容、雍雅、慧杰、自适、不走极端的人。然而，一个不容忽视的现实是，当下，在孩子们的语文生活中，文言却是最容易端起架子、故作深沉、故作神秘的。

说它端起架子，是因为文言本来是古代人们生活和思想的有趣的记录，但在孩子们的学习和阅读中常常被异化为枯燥干瘪的知识记诵。浑然一体、情趣盎然的人情故事被讲得支离破碎、混沌一片，其用字的典雅、语言的节奏、意象的精美、情感的辗转在这样的过程中消磨殆尽。长此以往，孩子们自然生出对文言的隔膜，甚至厌恶。

说它故作深沉，是因为我们眼睛里的文言，或是那些想象瑰丽、经天纬地的鸿篇巨制，或是探索人世真相、生命究竟的经史子集。这些文言，凝结着千百年来中华民族精深的智慧和磅礴的文化，而叙述者又大多以立言传世、治国平天下的初衷与气概，洋洋洒洒。这是当下的孩子们甚至大人们无法经验和想象的。所以面对这样的文言世界，孩子们自然容易望洋兴叹、莫可奈何了。

说它故作神秘，是因为它总有那么多艰涩生僻的字、词，总有那么多我们无法感知的思想观念，以至于很多人，尤其是孩子在阅读文言时经常处于碎片、孤立和封闭的情境中，融不到当下学习运用语言文字的现实生活里去。对很多人来说，文言似乎已经与日常的语言生活决裂了，它更像一种已经失传的古老语言，而非延续在我们血脉里的精神密码。

其实，文言本就是我们的语言，它并不古老，也没有那么面目可憎。它就活在当下，在很多作家的作品里，生活中很多耳熟能详、脱口而出的成语诗词，都会呈现文言的样式。我们对文言的敬而远之，大多是因为我们没有发现文言在经史子集、鸿篇巨制之外，还潜藏着真正反映和展现古人生活的宏大世界：那些鸡毛蒜皮的日常，那些闲情雅致、情趣爱好，以及那些需要疏解的愁思、需要安顿的焦躁和需要分享的喜乐。另外，就是我们在走进、体验和运用它们的时候，显得过于急功近利，方法也不免泥古且庸俗。

究竟该如何化解雅韵流传的文言在当下社会生活尤其是孩子们那里所遭遇的尴尬，真正让孩子们理解和体悟文言的宏大世界中所展现的真实和趣味呢?

我想，不妨尝试着跳脱出来，将那些探讨生命究竟、天人之道的文言经典暂时搁置，等到孩子们有足够的领悟能力和学习兴趣的时候再来阅读它们。且让孩子们从当下的、更为注重生命体验、更为关注个人价值的时代特征出发，选择那些贴近日常生活、人世繁华，反映古人生活情趣、即兴智慧、生命境遇的故事来阅读，感受一个个活泼生动、元气淋漓的人物，了解古代中国人为人处世、衣食住行、会友闲谈里的优雅与从容，领略他们卓绝的智慧、精绝的才艺、方正的品格，也体验他们俏皮的雅好、丰富的娱乐、旷远的情感，甚至于去发现，古人与我们一样，有不少“坏习惯”“怪心思”“臭毛病”。让孩子们在学习和阅读的时候，能够经验和感知、联想和理解古人，就仿佛和他们身处同一个时空，见证他们的生活百态、言笑晏晏。

最近几年来，我始终对这样的愿景念念不忘，尝试着在浩瀚的文言丛林中，分拨拣择那些有趣、带劲、充满人情味的篇章，并将它们以轻松愉悦的姿态带到孩子们身边。慢慢地我发现，文言中的笔记闲谈最能舒展才情，也最有烟火气息，语言情致自然也最为率性天真，有华枝春满、天心月圆的浑璞不雕。将这样的文言经典以自由宽广的课程视野、清新舒展的学习方式让孩子们阅读和体验，自然能使他们孜孜不倦、乐此不疲。这样的尝试得到了许多孩子的喜欢和认可，也使许多老师、家长瞩目。于是我就想将之系统地编纂成书，将这些探索和实践固化下来，也将自己对于孩子们文言学习的科学路径和适切方法沉淀下来，让更多的小朋友、大朋友可以了解雅言传承中的大千世界、嬉笑怒骂里的百态人生。

很有幸，去年遇到浙江大学出版社的老师们，他们对于我的这个想法非常感兴趣，且充满了期待。在他们的鼓励和支持下，我带着我的研究生，开始尝试着序列化、结构化地开发适合孩子们阅读和学习、体验和运用的文言内容。我们基于当代小学生的读写能力，呼应课程标准实践性、综合性、情境化、整合化的学习方式，从更为注重自我生命体验、更为关注审美生活的时代特征出发，筛选了《世说新语》《古今谭概》《东坡志林》《唐才子传》《浮生六记》《夜航船》等从先秦两汉到明清的30多部经典传奇笔记小说中贴近日常生活与人世繁华，内容合宜且语言清浅的精短篇章，再前拈后连，基于语文学习的规律和孩子们的学习兴趣设计助读系统，搭建学习支架，将相应的人物与典故、诗词与故事、阅读与表达、学法与思维、情趣与意象，像拼图一样一块一块地拼接编纂起来。比如“梳理故事结构”板块通过思维导图的形式揭示内容要点，“说说文章内容”板块通过娓娓道来的讲述展现精彩所在，“品读更多诗文” 板块是联系相关诗词进行扩展阅读，“创意表达运用”板块重在让文言实现迁移运用，活在孩子们的语言生活里。这些助读系统，试图突破亦步亦趋、支离破碎、枯燥乏味的文言知识学习模式，让孩子们在充满好奇、轻松愉悦的阅读体验中，循序渐进地感受文言的表达特点，形成文言语感的基本心理图式，习得文言、诗词、故事等相互融通的结构化的阅读能力，历经“生吞活剥、连滚带爬、脱胎换骨、信手拈来”的文言读写实践。希望这套书能真正成为孩子们文言积累、阅读、表达与审美的辽阔疆场；也期待孩子们能从那些故事中管窥古人生活的世态百相，感受元气淋漓的人物形象，领略或酣畅洒脱或倨傲奇崛的士人性情，领略中华文化的磅礴瑰丽，涵养文人风骨，培育中华气度，栽下一颗安顿生命的种子。

就这样，我们从孩子们的视角和体验出发，以语文教科书编者般的苛刻，想象着日常阅读和课堂场景，以任务群、主题式学习要素和助读系统进行组元。以一篇触发一类、联动一群的方式陆陆续续编写了“小古文大发现”丛书，并以“古人娱乐之趣”“古人雅好之奇”“古人品格之旷”“古人智慧之丰”“古人情感之真”“古人才艺之绝”“古人生活之美”为题。如今，它们终于要出版了，我着实感到欣慰。它们承载了我这些年文言阅读与教学的探索，每一篇选文都经过了千淘万漉，每一项解读和注释都凝结着我和团队的精心打磨，每一个助读系统都融聚着我和我的研究生齐婷婷的想象与智慧，每一册、每一个单元的结构与要素都经受了浙江大学出版社老师们挑剔的眼光，每一本的版式与装帧又经历了千回百转的设计与修正。

更重要的也是最为庆幸的是，我终于没有板起了面孔，好为人师地滔滔不绝，我找到了一种打开语文、打开文言世界的方式，让千百年前真实的生活故事、生命境遇与当下的生活与情境实现了对话，让文言新鲜地活在孩子们的嘴里和笔下，尤其是让中华传统的情趣和审美，润泽到孩子们的心里。

我不敢妄想这些小书能让孩子们从此对语文、对文言、对中华传统文化狂热喜爱、痴迷眷恋，但如果有那么一点启发，能播撒下那么几颗种子，再幸运一些，让孩子们感悟了文言所刻画的人物、叙述的故事、展露的情感、描述的场景都与我们当下的生命生活似曾相识，甚至是久别重逢，使其体验到编织在语言文字里的、与自己的生命和生活若即若离的美好与哀愁，那真可谓善莫大焉！

是为序。

2022年仲秋罗才军

于一本居

序

谈起古人，以目前所读与所见，脑中的刻板印象大抵是温文尔雅、进退有序、守繁文缛节……

殊不知古人也贪玩好胜。本册以独乐、互娱、群戏三篇，渐次展现古人的娱乐之趣，涵盖古代纷繁的娱乐项目，如空竹、皮影、秋千、高跷、蹴鞠之类；又展现了古人娱乐间之趣闻轶事、炫目绝技；辅以趣谈、传奇、诗歌、史实等，相互映衬，还原古人娱乐生活，快意瞬间。

游戏娱乐，本来是人类天性，比之毫无目标与规则的玩耍，更潜藏无限成长契机。合作共赢、遵循规则、相互体谅、智慧博弈、守拙藏锋、胜败体验……凡此种种，无不为人生瑰宝、成长养料。

反观当下儿童生活，耽于感官刺激，沉湎视觉冲击，甚或以击杀毁灭为乐，虽亦是娱乐，其情趣雅致、正向诱发、身体动觉、自省自察之功能，比之古人实在逊色。所幸，书中种种古人娱乐，在现今大多有所延续，甚至优化，大可继续传承，并与古人一较高下。

如此，也当得佛陀语：小儿世戏有工，道业亦应无昧。

目录
MULU

第一篇　独　乐

第二篇 互　娱

第三篇 群　戏

第一篇 独乐

却将一掬香绵朵，弹作晴云满座中
——挟弹弓

荣祖善弹，弹鸟毛尽而鸟不死。海鹄（hú）群翔，荣祖登城西楼弹之，无不折翅而下。

——《南齐书》

梳理故事结构

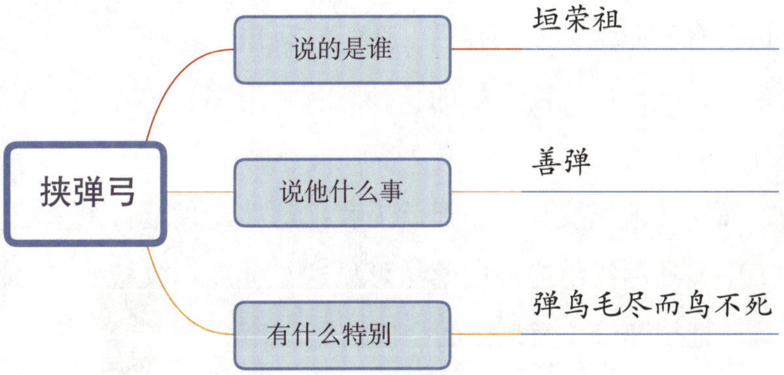

说说文章内容

今天我们要了解的是“弹弓”这种游戏。

故事讲的是垣荣祖擅长玩弹弓，他用弹弓打鸟，能够把鸟的羽毛都打下来却不把鸟打死。（有一天）他登上西楼，看见一种被称为“鹄”的鸟成群结队地在飞翔，他拿弹弓弹射鹄的两个翅膀，百发百中。还有的故事里记载，垣荣祖对他的左右侍从说：“你们看！我一定会活捉这只鸟。”于是他射光了一只鹄的羽毛，没有羽毛的鹄掉落到地上，扑腾着。垣荣祖将这只鸟养了起来，等它羽毛长全后，将之放飞。

你瞧！垣荣祖的弹弓玩得多溜呀！但是同学们，你们可别学垣荣祖，用弹弓打鸟哦！

当然了，我们现在还是可以玩弹弓的，只不过要注意安全哦！

说起弹弓啊，它在我国有十分悠久的历史。《吴越春秋》中有这样的记载：“弹生于古之孝子，古者人民质朴，死则裹以白茅，投之中野，孝子不忍父母为禽兽所食，则作弹以守之。”另有《弹歌》曰：“断竹，续竹，飞土，逐肉。”有人认为此处描写了制作弹弓，以之狩猎的全过程，也有人认为这句话描写了孝子为了不让已故父母的尸骨被禽兽啄食而拿着弹弓加以守护。看到这儿，我们发现，最开始的时候弹弓和弓箭都是用来狩猎的，承载了中华民族对孝道的理解，后来才慢慢发展成为娱乐活动的工具。

作为一种娱乐活动，有的人认为挟弹弓登不了大雅之堂，实属微末之技。但是也有人非常喜爱挟弹弓，还把它玩出了花样。比如上面这则故事中的垣荣祖，又比如一箭双雕的长孙晟。《隋书》中有一则故事说的是，天空中有一群鸢鸟飞过，于是隋文帝对长孙晟说：“公善弹，为我取之。”意思是，你这么擅长挟弹弓，那就为我把这些鸢鸟给打下来吧。结果长孙晟十发十中，鸢鸟纷纷应声而落。可见这长孙晟不仅把挟弹弓作为业余爱好，而且还把挟弹弓作为自己的一项技能。

有的人也爱好挟弹弓，但却只是把它当作消磨时间的消遣之物。《西京杂记》中有一则故事叫《韩嫣好弹》。这个韩嫣是谁呢？韩嫣人称“挟弹王孙”，他是汉武帝的同窗，故事说韩嫣“常以金为丸，所失者日有十余。……京师儿童每闻嫣出弹，辄随之，望丸之所落，辄拾焉”。一时长安市井流行“苦饥寒，逐金丸”的说法。故事讽刺的是每次韩嫣挟弹出行，后边都会有很多儿童跟随，去捡韩嫣打失的金弹丸。你看，古代人玩弹弓在材质上也玩出了花来，有用泥弹的，有用石弹的，但这些都比不上韩嫣的金弹。但古人并不赞赏金弹——古代把“黄铜”称为“金”，所谓“金弹”其实是黄铜弹，这是纨绔子弟的奢侈品，不是寻常百姓可以拥有的。所以，就算是玩儿，我们也要玩出技术、玩出特色，而不是一味追求娱乐用品的奢侈和高价。

到后来，挟弹弓逐渐变成了一项受民众喜爱的休闲体育项目，还有人因为弹射百发百中而被载入吉尼斯世界纪录大全呢！你看，挟弹弓从古代人的狩猎活动逐渐娱乐化，又慢慢成了一项世界性的竞技体育活动，是不是很有趣呢？如果你感兴趣的话也可以去玩一玩弹弓，但是一定要注意安全哦！

互文扩展阅读

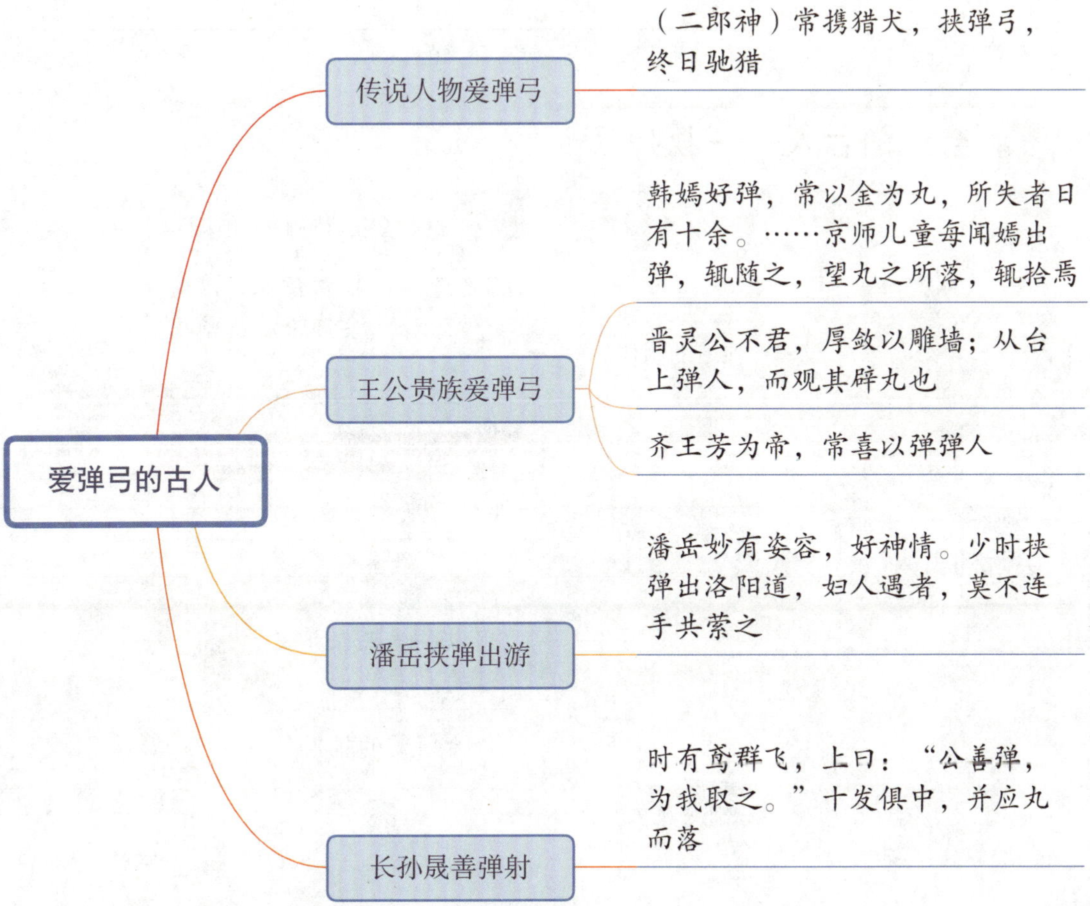

创意表达运用

本则小古文描写了垣荣祖善弹的故事，能把一个游戏玩出花样来也是不容易的事，但是像晋灵公和魏齐王曹芳弹人取乐就不值得效仿了。你玩过弹弓吗？你在玩弹弓时发生过什么趣事可以与我们分享呢？请写一写。

会玩的古人——挟弹弓

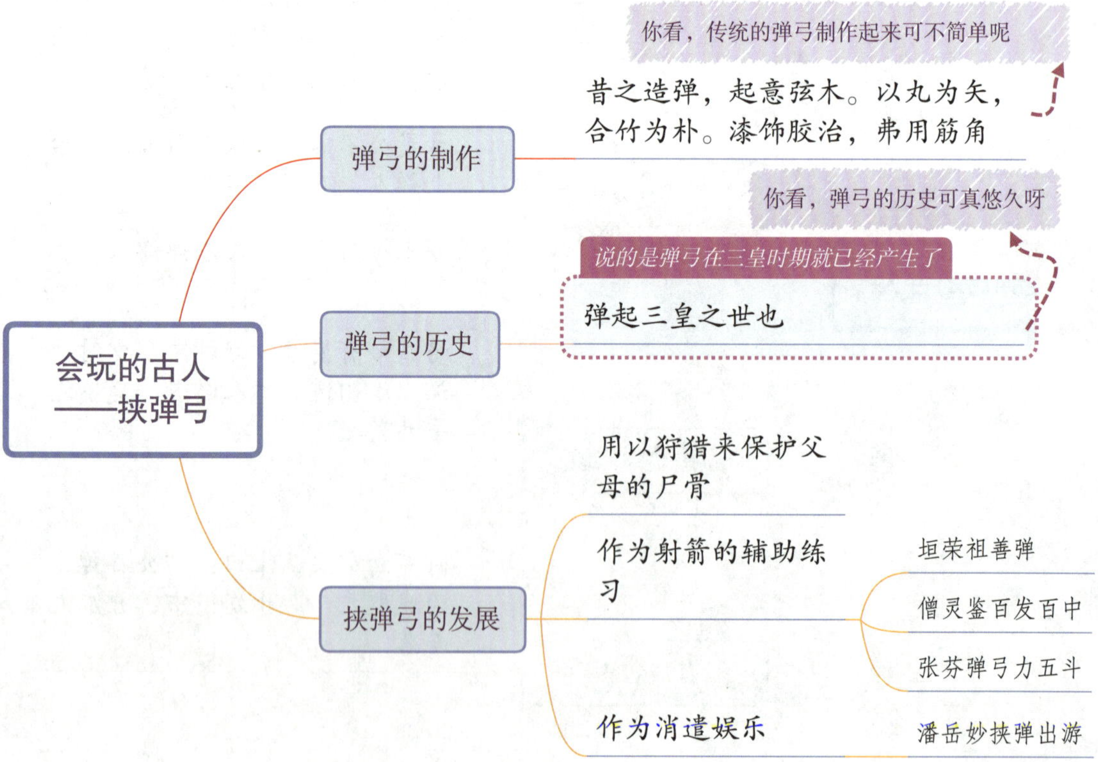

踢碎香风抛玉燕——踢毽子

都门有专艺踢毽子者，手舞足蹈，不少停息，若首若面，若背若胸，团转相击，随其高下，动合机宜，不致坠落，亦博戏中之绝技矣。

——《帝京岁时纪胜》

梳理故事结构

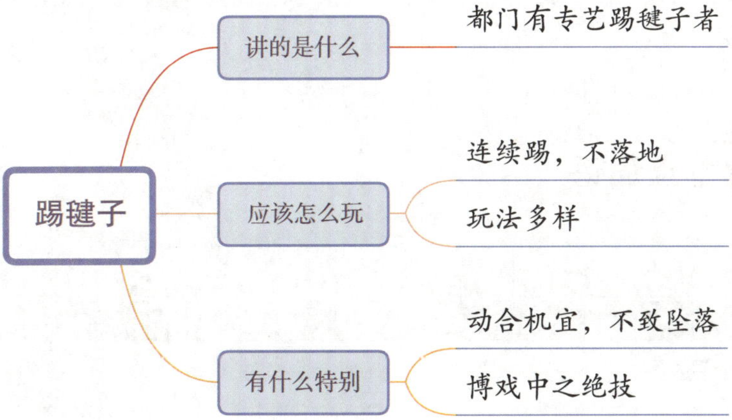

说说文章内容

今天我们要了解的这项娱乐活动，相信大家都玩过，那就是——踢毽子。

踢毽子说难不难，老少皆宜，大多数人都能踢几个，但是要踢得个数多、花样多，那就不容易啦！让我们来看看今天这则小古文里面的踢毽子高手是怎么把踢毽子这个简单的娱乐活动玩出花样来的吧。

故事说的是都门有一个专门表演踢毽子的人（在古时候踢毽子是“博戏”的一种，自然就出现了专攻这个技艺的人），他踢毽子的时候手舞足蹈，丝毫没有停下来的意思，而且他光用脚踢毽子还不够，只见他一会儿把毽子顶在头上、脸上踢，一会儿把毽子顶在背上、胸上踢，毽子随着他的动作上下穿梭，盘旋飞舞，居然不会落地，真是妙不可言，可以说是博戏中的绝技了呀！

这个人还真是把踢毽子玩出花样来了。看他踢毽子有种毽子与人融为一体的感觉，就像《通俗编》中说的："今京市为此戏最工，顶额口鼻，肩背腹膺，皆可代足，一人能兼应数敌，自弄，则鞬子终日绕身不堕。"（注："鞬"同"毽"）

其实毽子的踢法非常多，阮葵生在《茶余客话》中提道："其中套数家门，凡百十种。"而且踢毽子这个活动呀，老少皆宜。据说清朝光绪年间，承德有一个百岁老进士，能踢出喜鹊登枝、金龙探爪、狮子滚绣球等 108 种花式。

理解重点词语

手舞足蹈

手舞足蹈　两手挥舞，双脚跳动，形容极其快乐。《诗大序》：永歌之不足，不知手之舞之，足之蹈之也。

互文扩展阅读

金绒帚子白绒哨子

我们小时候踢毽子，毽子都是自己做的。选两个小钱（制钱），大小厚薄相等，轻重合适，叠在一起，用布缝实，这便是毽子托。在毽托一面，缝一截鹅毛管，在鹅毛管中插入鸡毛，便是一只毽子。鹅毛管不易得，把鸡毛直接缝在毽托上，根部用线缠缚结实，使之向上直挺，较之插于鹅毛管中者踢起来尤为得劲。鸡毛里讲究要“金绒帚子白绒哨子”，即从五彩大公鸡身上拔下来的。毛的末端乌黑闪金光，下面的绒毛雪白。

踢毽子是乐事，做毽子也是乐事。一只“金绒帚子白绒哨子”，放在桌上看看也是极美的。

——选自汪曾祺《人间至味》（有删改，标题自取）

创意表达运用

本则小古文描写了一个踢毽子高手，在“互文扩展阅读”里也补充了一个小故事，你能写写踢毽子时发生的趣事吗？

会玩的古人——踢毽子

会玩的古人——踢毽子

- **毽子与踢毽子**
  - 毽子是一种体育活动用具，一般“以铅锡为钱，装以鸡羽，呼为毽字”。游戏时用脚连续向上踢毽子，不让毽子落地
- **踢毽子的别称**
  - 鞯
  - 箭
  - 打鸡
  - 翔翎
    - 意为飞翔的羽毛
      - 描写的是毽子在空中飞舞的样子。毽子在空中飞舞的时候还像美丽的蝴蝶，所以也有人叫它“生命的蝴蝶”
- **踢毽子的起源**
  - 据传，踢毽子起源于古代的蹴鞠（cù jū）
  - 表演型的蹴鞠后来就演变成踢毽子
    - 斗鸡金宫里，蹴鞠瑶台边
      - 李白的诗句描绘的就是艺人进皇宫表演踢毽子的场景
    - 寒食蹴鞠
      - 民间一项重要的娱乐活动
  - 直到踢毽子从蹴鞠中分离出来的1000多年后，明刘侗《帝京景物略》中才首次出现“毽”字
- **毽子的制作**
  - 向花冠尾畔，剪他翠羽，养娘箧底，检出朱提（银钱）。裹用绡轻，制同球转。（《沁园春》）
  - 毽儿者，垫以皮钱，衬以铜钱，束以雕翎，缚以皮带。（《燕京岁时记》）
  - 毽子的制作简单也是踢毽子成为人们喜爱的娱乐活动的重要原因吧

花样踢毽子

沙门慧光，年方十二，在天街井栏上反蹋蹀（dié）锖，一连五百。众人喧竞，异而观之。佛陀因见，怪曰：“此小儿世戏有工，道业亦应无昧。”

——《高僧传》

梳理故事结构

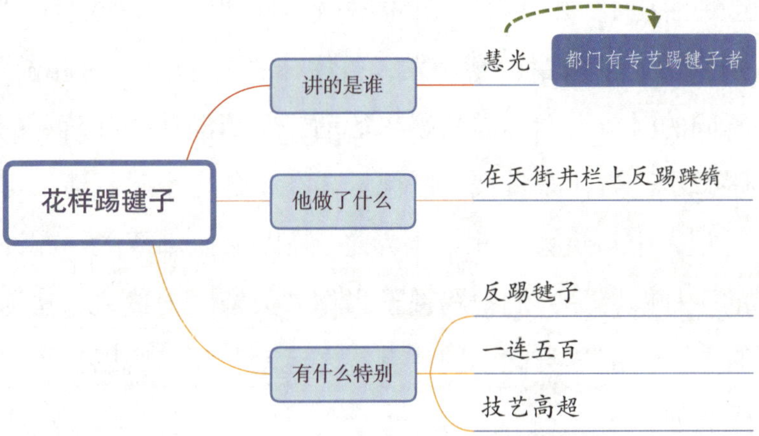

说说文章内容

今天我们继续来聊踢毽子。

《高僧传》记载，西域禅师佛陀在路过洛阳天街时，看见一个年仅 12 岁的少年“在天街井栏上反蹋蹀锖，一连五百”，就是说这个少年能够反踢毽子，而且一连踢了 500 个，毽子都没有落地。围观的人认为这件事不同寻常，都围过来看，争相喧闹。佛陀禅师于是说：“这个小孩儿这么擅长踢毽子，他钻研佛法应该也没有问题。”你想想，一连踢500个毽子不停止也不让毽子落地，已经很厉害了，慧光更厉害，反踢毽子500个，真是个踢毽子高手呀！

那时候少林寺把踢毽子作为僧人练功的一种辅助，佛陀的“此小儿世戏有工，道业亦应无昧”是说这小孩儿游戏功夫了得，将来学佛法也会是好样的！于是佛陀与孩子家长商量后，将孩子带回少林寺，这一年慧光12岁。慧光入了少林寺之后，众人发现他聪明伶俐、口才极佳，他每阅览一卷经书，便能熟记在胸，对书中的义理，也能透彻讲析，议世论佛，常有独特见解，颇得佛陀赏识，亦深受众僧赞誉。后来，慧光果然成为一代高僧，被称为“圣沙弥”。

从这个故事可以看出，早在5世纪末，在我国北方洛阳地区就已经流行踢毽子这种活动了，并且踢毽子的花样繁多。当时，京城盛行“杨柳青，放空钟；杨柳活，抽陀罗；杨柳发，打尜尜；杨柳死，踢毽子”的童谣，说的就是不同的时节人们不同的娱乐活动，每当深秋柳叶落尽的时候，孩子们就去踢毽子。为什么古代人踢毽子多在秋冬之季呢？清人富察敦崇在《燕京岁时记》中写道：“儿童踢弄之，是以活血御寒。”或许这是对冬季踢毽子的一种解释。人们把踢毽子当作“天寒时消遣之一法”。看来，踢毽子还真是一个能强身健体的“有益之运动”呢，所以到了现在，踢毽子依然广受欢迎！

理解重点词语

众人喧竞异而观之

异 “异”可以翻译成“新奇”“特殊”，但是在这里却不能直接这么翻译哦。这句话的意思是：许多人争相喧闹，都认为这件事很新奇，于是围过来看。那么这里的“异”意思就发生了变化，要翻译成“（认为）新奇”。

翻译小古文的时候要注意联系上下文哦！

互文扩展阅读

花样踢毽二三事

记忆中有一种为儿童初步学踢毽子的，叫“踢制钱儿”，两枚制钱用红头绳穿起来，刚好是小孩子的手持到脚的长度即可。小孩子提着它，一踢一踢的，制钱打着布鞋帮子，倒也很顺利。

踢毽子到学习花样儿的时候，有一个歌可以念、踢，照歌词动作：“一个毽儿，踢两瓣儿。打花鼓，绕花线儿。里踢，外拐。八仙，过海。九十九，一百。”

念完，刚好踢十下，但是踢到第五下以后，就都是“特技”了！

（节选自《城南旧事》，标题自取）

会玩的古人——花样踢毽子

看了上面关于毽子的信息之后，你是不是也很想踢一踢毽子呢？你可以选择踢一次毽子，记录下自己踢了几个。或者是试着用身边的材料做一个毽子，如果能够废物利用，用可循环材料做一个毽子就更好啦！

- 会玩的古人——花样踢毽子
  - 踢毽子的花样
    - 里外廉：用足的内、外侧踢毽
    - 拖枪：在跑动中用前脚掌踢毽
    - 耸膝：用膝盖踢毽
    - 突肚：突起肚皮反弹毽子
    - 佛顶珠：用头顶来将毽子接住
    - 根据宋代高承的《事物纪原》记载，踢毽子的花样有“里外廉、拖枪、耸膝、突肚、佛顶珠、剪刀、拐子名色”
  - 清代花样踢毽子
    - 今京市为此戏最工，顶额口鼻，肩背腹膺，皆可代足，一人能兼应数敌，自弄，则鞬子终日绕身不堕
  - 现代花样踢毽子
    - 1936年，我国运动员翟连源在第11届柏林奥运会上表演踢毽子，连踢了20余种花样，被盛赞拥有“神奇得令人难以置信的高超运动技艺”

儿童散学归来早，忙趁东风放纸鸢——放风筝

郭恕先寓岐山下，有富人子喜画，日给醇（chún）酒，待之甚厚，久乃以情言，且致匹素。郭为画小童，持线车放风鸢（yuān），引线数丈，满之。富人子大怒。与郭遂绝。

——《夜航船》

梳理故事结构

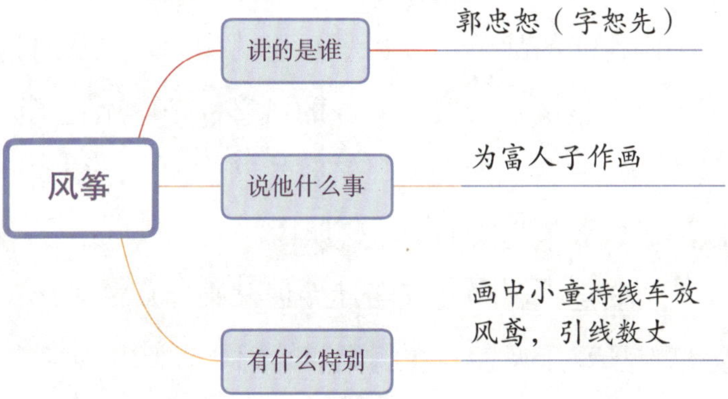

说说文章内容

今天我们要读的故事和风筝有关，故事讲的是宋初画家郭忠恕（字恕先），他的脾气有些古怪，只要有人向他要画，他都会生气而去。他住在岐山脚下，有个富人的儿子很喜欢画，每天给郭恕先送去好酒，待他非常亲厚，时间久了，这位富家子说出了自己的心里话，并拿来一匹白绢求画。郭恕先就在白绢的一头为他画了一个小孩，小孩手里拿着线车，在白绢的另一头画了一只风筝，然后画一条长线把两者连起来，这匹白绢就画满了。富人的儿子十分生气，就与郭恕先绝交了。

你说说这郭忠恕啊，人家“待之甚厚”，让他作一幅画，他却故意画了小童放风鸢，引线数丈，撑满了白绢，这不是故意气这个富人子吗？看来这文人的脾气我们还是无法捉摸啊。

这个故事里的“放风鸢”说的就是放风筝。说起放风筝，这也是中国古代一项有趣的娱乐活动。相信大家都读过“儿童散学归来早，忙趁东风放纸鸢”的诗句吧。其实，一开始放风筝并不是一项纯粹的娱乐活动，《墨子》中记载“公输班制木鸢以窥宋城”，说的是鲁班做风筝是出于军事目的。据传后来楚汉相争时，汉将韩信率军40万围项羽于垓下，决战前，韩信命人制作了一只大风筝，飞到楚营上空，唱起楚地悲怨委婉的曲调，唤起了楚军士兵的思乡之情，涣散了楚军士气，令楚军不战而溃，这就是成语“四面楚歌”的由来。

风筝不仅在中国古代的战争中发挥了重要的作用。二战时期，美国人保罗·爱德华将自己改良的、带有转向舵的风筝标靶应用在了防空兵训练中；另一个美国人哈里·索尔发明了风筝防护网，被广泛应用于从美国跨过北大西洋到欧洲运送战争物资的护航舰队中。

到了唐代，社会安定，各种文娱活动发展起来，从前被用于军事的纸鸢转入民间，渐渐有了娱乐属性。在唐代清明时节，朝野盛行禁火、扫墓、踏青、荡秋千、蹴鞠、打马球、插柳条等风俗，在民间还流行儿童放纸鸢的活动。唐代诗人唐荣在《纸鸢赋》中就写道：“代有游童，乐事末工。饰素纸以成鸟，像飞鸢之戾空；翻兮度将振沙之鹭，杳兮空先渐陆之鸿，抑之则有限，纵之则无穷，动息乎丝纶之际，行藏乎掌握之中。”

风筝除了军事、娱乐用途外，还为科技进步作出了不小的贡献呢！1752年，美国科学家富兰克林第一次用风筝探出了雷击的本质就是电。到了1901年，意大利人马可尼和塞德琼斯在大西洋两岸利用风筝作天线，进行了无线电通信试验，取得成功。

你看，放风筝是一项多么有趣的娱乐活动呀！今天就让我们一起领略一下放风筝给人们带来的乐趣吧！

理解重点词语

引线

引线 拉线。《赠侯喜》：举竿引线忽有得，一寸才分鳞与鬐。

线车

线车 一种有轴的简单机械，可旋转绕线，在放风筝时用于收线、放线。《图画见闻志》：首图一丱角小童，持线车，纸穷处作风鸢，中引一线，长数丈。

品读更多诗文

江城子·风鸢

吴伟业

柳花风急赛清明。小儿擎，走倾城。一纸身躯，便欲上天行。千丈游丝收不住，才跌地，倏无声。　凭谁牵弄再飞鸣。御风轻，几人惊。江南二月听呼鹰。赵瑟秦筝天外响，弹不尽，海东青。

风鸢图诗

徐渭

柳条搓线絮搓棉，搓够千寻放纸鸢。
消得春风多少力，带将儿辈上青天。

风鸢图四首·其二

徐渭

鸢长线短欲何之，万丈无由办得斯。
瞥见游丝天正午，寸搓纸捻钉书时。

创意表达运用

本则小古文写了郭忠恕为富人子作画，他故意画了风鸢引线数丈，让富人子觉得他敷衍了事，最后与他绝交。如果让你画一幅风筝图，你会怎么画呢？你可以试着画一画，然后用简洁的语言描述一下你的风筝图哦！

会玩的古人——放风筝

- 会玩的古人——放风筝
  - 什么是风筝
    - 风筝也称“纸鸢”“鹞子”，是一种用细竹扎成骨架，再糊上薄纸系以长线，玩的时候利用风力飞上天空的民间玩具
  - 风筝图样的寓意
    - 求福：蝙蝠等
    - 长寿：祥云鹤寿、八仙贺寿等
    - 喜庆：百蝶、百鸟、百花等
    - 吉祥：龙、凤、麒麟等
  - 风筝与军事
    - 春秋：墨子、鲁班造木鸢
    - 汉：韩信命人乘大风筝飞到楚营上空，唱起楚调，唤起楚军士兵的思乡之情，使楚军士气涣散，这就是“四面楚歌”的故事
    - 南北朝：梁武帝风筝求救
    - 明：“风筝碰”杀伤敌人
  - 风筝与娱乐
    - 代有游童，乐事末工。饰素纸以成鸟，像飞鸢之戾空；翻兮度将振沙之鹭，杳兮空先渐陆之鸿，抑之则有限，纵之则无穷，动息乎丝纶之际，行藏乎掌握之中。（《纸鸢赋》）

唐荣的《纸鸢赋》描绘了人们把放风筝当作娱乐活动，享受无穷乐趣的画面

花灯百队走儿童，尽道仙娥降月中——赏花灯

高祖初入咸阳宫，周行府库，金玉珍宝，不可称言。其尤惊异者，有青玉五枝灯，高七尺五寸。下作蟠螭（chī），以口衔灯，灯燃，鳞甲皆动，焕炳若列星，而盈室焉。

——《西京杂记》

梳理故事结构

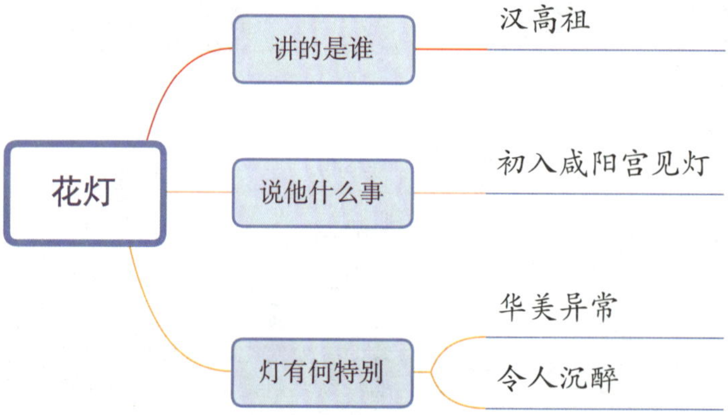

说说文章内容

我们今天要了解的古代娱乐活动是赏花灯。

花灯也叫彩灯，其主要功能是观赏或装饰，这就是它与一般灯笼的不同，一般的灯笼主要是用来照明，花灯则更倾向装饰性和娱乐性。

说起花灯啊，我们要先说说它的起源，正所谓“无火不灯”，在古代，火是幸福和吉祥的象征，人们希望这种幸福和吉祥能够永恒，就有了“灯”，后来又产生了以装饰作用为主的花灯。放花灯、赏花灯也成了人们一项重要的娱乐活动，被称为“灯节”的元宵节就是一个张灯结彩、以灯为俗的

重要传统节日。

我们今天这则故事讲的是汉代的花灯。相传汉高祖刘邦进入咸阳宫之后，看到秦王朝的宫殿中有青玉做的五枝灯，高七尺五寸，下面作蟠螭样图案，蟠螭口中衔着灯。什么是蟠螭呢？《辞海》里说“蟠”是盘曲而伏的意思，“螭”是一种传说中的头上没有角的蛟龙。蟠螭样图案或许就是一条盘曲的蛟龙的样子吧！这盏灯妙就妙在：点燃的时候，蟠螭的鳞片和外甲看起来好像会动，明亮得就好像天上的星星照耀着整个宫殿。你看！这盏灯多精妙华美啊！

南京博物院藏着一件青铜器文物：铜五枝灯，灯座为蟾蜍造型，上面的灯盘错落，分层放置，点燃后灯火交相辉映，十分华美。但无论是材质还是造型都比不上《西京杂记》中记载的这一盏灯呀！我们无缘见到传说中这盏青玉五枝灯的样子，但想必大家已经在心里描绘了这盏灯的样子了吧！其实古人也对这盏灯心驰神往，在王安石的《王母歌》中就有“为看青玉五枝灯，蟠螭吐火光欲绝”这样的诗句。在古人心中这样的一盏灯是给神仙享用的，足以说明其精美非常。

理解重点词语

炳

炳

①光明，显著。如：文采炳然。《周易·革》：大人虎变，其文炳也。

②点燃。如：炳烛。

品读更多诗文

元宵

唐寅

有灯无月不娱人，有月无灯不算春。
春到人间人似玉，灯烧月下月如银。
满街珠翠游村女，沸地笙歌赛社神。
不展芳尊开口笑，如何消得此良辰。

创意表达运用

本则小古文描写了一盏精美的花灯，写了这盏灯的材质、外形、亮灯时的特点，将这盏灯的样子写得清楚明白。请你也仿照这样的写法，用几个简短的句子写一写你书桌上的台灯。

会玩的古人——赏花灯

- 会玩的古人——赏花灯
  - 什么是花灯
    - 主供观赏或装饰的节俗灯具叫“花灯”
    - 用各种灯彩为道具的民间舞蹈也叫“花灯”
    - 花灯也叫“彩灯”，是中华民族数千年来重要的娱乐文化
  - 花灯的种类
    - 观赏灯：如宫灯、楼阁灯
    - 玩耍灯：如用于社舞的龙灯、花鼓灯
    - 俗用灯
      - 日常照明：如行灯、提灯笼
      - 祭祀供奉：如土地灯、祭祖灯
      - 祈子贺生：如孩儿灯、庆灯
    - 各种不同工艺材料的花灯
      - 刻纸灯
      - 墨纱灯
      - 罗帛灯
      - 冰灯
      - ……
  - 花灯的类型
    - 福州花灯：灯品至多，苏、福为冠
    - 泉州花灯：月牵古塔千年影，虹挂长街十里灯
    - 佛山灯彩：有“纸马火龙”之盛况
    - 苏州灯彩：花色纷繁、精工巧技、古朴典雅、灵秀清丽
    - ……
  - 花灯的制作技法
    - 编扎
    - 裱糊
    - 彩绘
    - 剪贴
    - ……

即是羲唐化，获我击壤声——击壤

小儿以木二寸，制如枣核，置地而棒之，一击令起，随一击令远，以近为负，曰打柭柭。古所称击壤者耶！

——《帝京景物略》

梳理故事结构

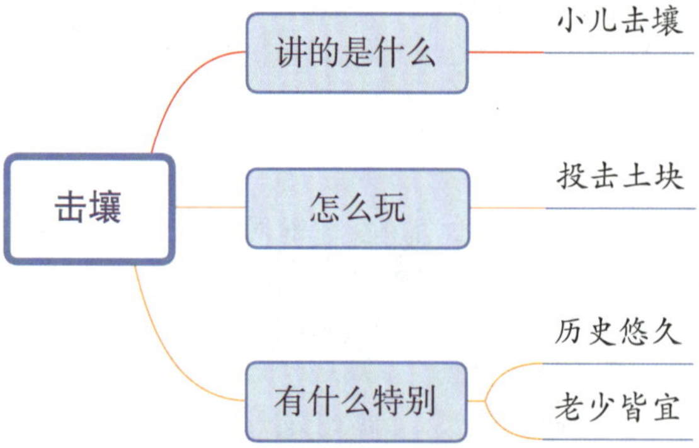

说说文章内容

今天我们要来认识一个老少皆宜的古代游戏，这个至少有 4000 年历史的游戏叫“击壤”。

这个游戏怎么玩呢？从“击壤”这两个字来看，“击”是击打、投击的意思；在《辞海》里，“壤”是松而软的泥土。这样看来，“击壤”就是当时一种投击土块的游戏。

为什么古代人会把投掷、击打石块作为一种娱乐活动呢？这也许和远古时代人们的生产、生活方式有关，在那时候的狩猎、生产活动中，人类会用土块、石块、木棒投击野兽，后来在原始的部落战争中，投击也成为一种作战技能。既然这种投击是生活、生产都能用上的技能，为了投击得更准确，平时便要勤加练习。后来，由于狩猎工具的进步，人们不再需要用土块、石块、木棒掷击野兽，这种练习就演变成一种游戏。

故事说的是一个小孩儿把两寸长的木块做成枣核的样子放在地上——这就是击壤游戏中被击打的对象，然后用一根木棒击打它的一端，先让这个“柭柭”弹起来，然后再把它打出去，谁打得近就输了，这样的游戏叫“打柭柭”，也就是古代的击壤游戏！

关于击壤游戏还有一个经典的故事，记载在王充的《论衡》中：

“有年五十击壤于路者，观者曰：‘大哉，尧德乎！’击壤者曰：‘吾日出而作，日入而息，凿井而饮，耕田而食，尧何等力？’”

故事说的是在远古帝尧时代，有五十岁的老者在路上玩击壤游戏。有个围观的人说：“真好哇！如果没有尧的恩德，您哪有这般闲情逸致来玩击壤呢？”但是老者却不以为意，因为他认为自己日出而作，日落而息，打井让自己有水喝，种地让自己有粮食吃，闲暇时间再玩玩击壤，这些与尧有什么关系呢？这位老者能这样悠闲击壤究竟是因为他能自力更生还是得益于盛世太平，世人总是争论不休，但这一记载让我们发现原来击壤这个游戏有如此悠久的历史。

品读更多诗文

壤父击壤于道中

壤父者，尧时人也。帝尧之世，天下太和，百姓无事。壤父年八十余而击壤于道中。

——《高士传》

创意表达运用

同学们，今天这则小古文讲了古代小孩儿玩击壤的样子，现在你了解了这个游戏是怎么玩儿的，能不能想象一下自己在游戏现场，用尽可能多的动词来描绘这一幅《小儿击壤图》呢？

会玩的古人——击壤

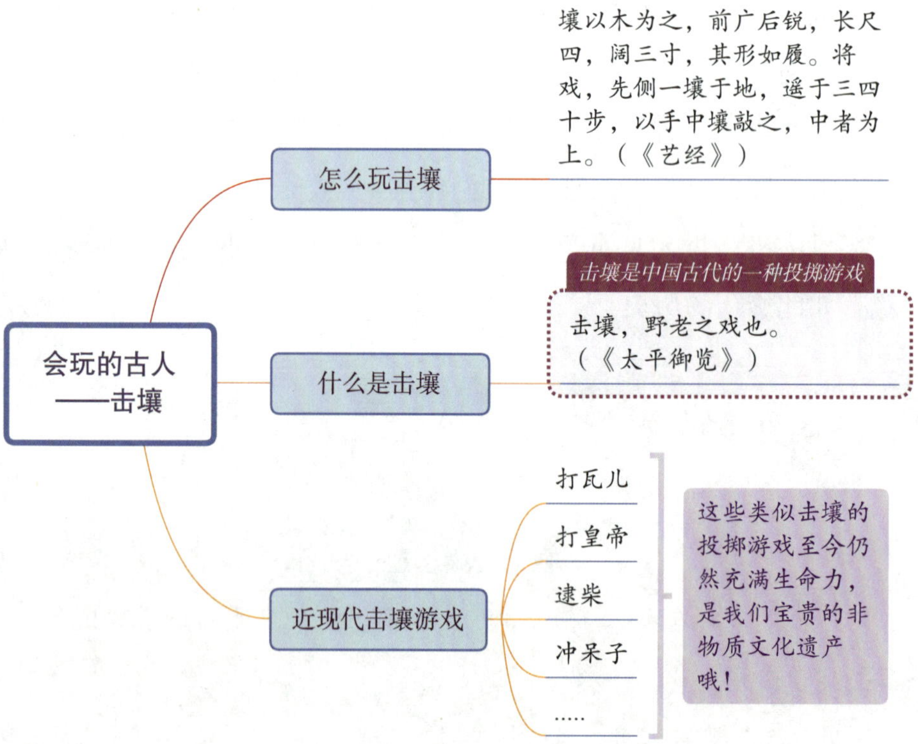

烛底风钗明，钗头人胜轻——剪纸

（林文耀）中年失明，乃翦（jiǎn）纸为字。势飞动若龙蛇，点画不差毫发。室人装璜（huáng）成轴，易薪米以自给，人称之曰“林翦”。

——《茶香室三钞》

梳理故事结构

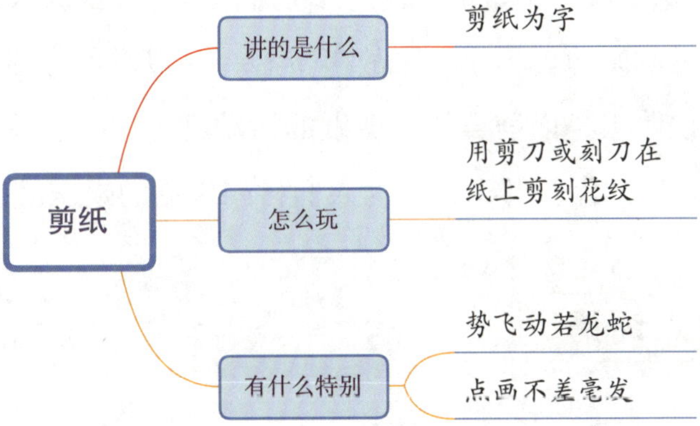

说说文章内容

今天我们要来认识一个剪纸很厉害的人，他叫林文耀。这个人小时候就喜欢写书法，写得也不错，但是人到中年的时候突然丧失了视力，于是他就开始剪纸。他不剪花草树木、飞禽走兽，而是把自己以前写的字给剪出来，这些剪出来的字笔走龙蛇，每一个点画都和用笔写出来的字不差一分一毫。他家中的人还把他剪的这些字装饰成画轴出售，用得来的钱买米买柴火以补贴家用，于是人们就把林文耀剪的字称为“林剪”。

在历史上，剪纸是非常受欢迎的活动，虽然纸的发明是在西汉时期，但类似剪纸的活动早在没有纸的时候就已经流行了，有一则剪树叶的故事还被记载进了《史记》。这则故事叫“剪桐封弟”，它记述了西周初期，12 岁的周成王姬诵很喜欢和自己的弟弟姬虞一起玩耍。有一天，他在地上捡到了一片梧桐叶，于是他就三下五除二地把这片梧桐叶剪成了玉圭的形状，他开玩笑似的把这片树叶剪成的玉圭送给了弟弟，并且说：“余以此封汝。”意思是：“我把这片象征着权力的玉圭送给你，从此以后你就是唐国侯了。”这时候，边上的史官赶忙记录下了这句话，并且让姬虞谢恩。这让姬诵有些意外，他认为这只是兄弟间过家家的玩笑话，但史官告诉他“君无戏言”，作为君王要对自己说过的话负责。姬诵认为史官言之有理便真的封这位弟弟做唐国侯了，唐国就是后来在春秋时期称霸一时的晋国。

你看，虽然这个故事中姬诵剪的并不是纸，但有人认为这个“剪桐封弟”的故事就是剪纸的来源。不过这个故事带有一些浪漫色彩并且无法考证其真实性，只能说明很早以前类似于剪纸的活动已经产生。后来随着纸的发明，剪纸慢慢在民间流行开来，成为人们喜闻乐见的娱乐活动。

理解重点词语

剪纸为字

为

①做，干。 ②制，造。
③治理。 ④充当，当作。
⑤成为，变为。 ⑥是。
⑦谓，以为。 ⑧使。

请你想一想“剪纸为字”里的“为”是什么意思，说说你的理由。

品读更多诗文

名女善剪纸

名女，张蔡公之女也。有巧思，与人接谈，袖中细剪春花秋菊、细草垂杨，罔不进神；其剪制香奁（lián），绝巧夺目，得之者珍藏焉。

——《保定府志》

创意表达运用

本则小古文描写了一个剪纸高手。相信你在美术课上，或者在课外也接触过剪纸，如果让你来写一个剪纸高手，你会怎么写呢？可以写一个现实中你认识的剪纸高手，也可以写你想象中的剪纸高手哦！

会玩的古人——剪纸

- 会玩的古人——剪纸
  - 最早的剪纸
    - 1959年,在新疆吐鲁番阿斯塔那地区的北朝墓葬中出土了5幅南北朝团花剪纸，这些剪纸样式精美、寓意吉祥
      - 是目前发现最早的剪纸实物
  - 剪纸的特色
    - 千刻不落，万剪不断
    - 线线相连的勾连效果
    - 线线相断的镂空效果
    - 每一处线条都非常考究
  - 剪纸的功能
    - 古时候人们剪纸往往寄托了祈求吉祥和福瑞的意思，正所谓“象征寓意、言必有意、意必吉祥”
    - 正月七日为人日，以七种菜为羹，剪彩为人，或镂金箔为人，以贴屏风，亦戴之头鬓，又造华胜以相遗。（《荆楚岁时记》）
  - 剪纸的风格
    - 正如下面郭沫若先生所说的那样，我国的剪纸艺人产生了不同的剪纸风格，而且南北方剪纸各有各美
    - 曾见北国之窗花，其味天真而浑厚，今见南方之剪纸，玲珑剔透得未有。一剪之巧夺神功，美在民间永不朽。（《剪画选胜》）

一声低来一声高，嘹亮声音透碧霄——抖空竹

抖空竹，每逢庙集，以绳抖响，抛起数丈之高，仍以绳承接，演习各样身段。

——《朝市丛载》

梳理故事结构

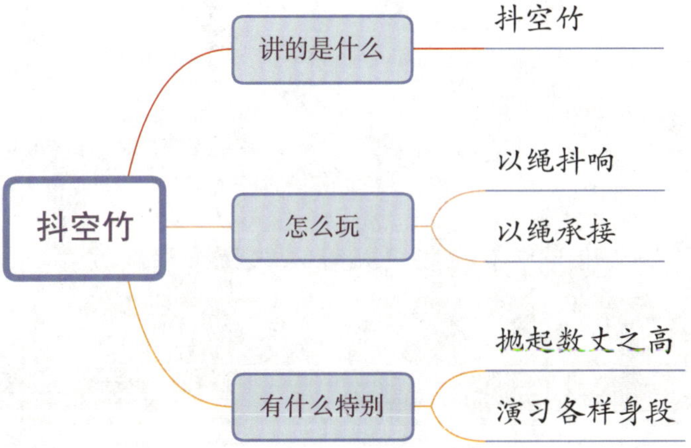

说说文章内容

今天我们要了解的娱乐活动是抖空竹。

在《水浒传》中有这样一个故事，宋江在受命征讨方腊的路上看到有人玩“胡敲”，由此联想到宿太尉的举荐之恩，有感而发，作诗云：“一声低了一声高，嘹亮声音透碧霄，空有许多雄气力，无人提挈谩徒劳。”这里的“胡敲”其实就是空竹的古称。

除了这个古称，空竹还有“地铃”“风葫芦”“舞铃”“地黄牛”“地龙”“响簧”等很多有意思的名字。比如在宋代被称为“弄牛”，在明代

被称为“空钟”。抖空竹是多在春季玩耍的游戏，谚语中就有“杨柳青，放空钟”的说法，玩耍者多为儿童和妇女。

我们今天这则小古文讲的就是古人抖空竹的场景。每到庙会集市的时候，人们用绳子抖响空竹，把它抛到几丈高，然后仍然用绳子接住这落下的空竹，玩的时候有各种各样的身段姿势。

在这则小古文里是怎样描写人们抖空竹技艺之高的呢？正面写艺人玩空竹的技术好，抛得高却还能稳稳接住；侧面写艺人玩空竹的动作多，有各种各样的身段姿势。文中写抖空竹的人将空竹“抛起数丈之高”，古时候的一丈按我们现在的计量方式来算有 3 米多，能把空竹抛得有数丈高，多厉害呀！

品读更多诗文

空竹者，形如车轮，中有短轴，儿童以双杖系棉线拨弄之，俨如天外晨钟。

——《燕京岁时记》

京师儿童玩具，有所谓空钟者，即外省之地铃。两头以竹筒为之，中贯以柱，以绳拉之作声。唯京师之空钟，其形圆而扁，加一轴，贯两车轮，其音较外省所制，清越而长。

——《清代野记》

创意表达运用

本则小古文描写了古人抖空竹的场景，我们读起来就像看视频一样。小古文展现了抖空竹的玩法，其实我们也可以参照这样的写作方式来写一种游戏。

试着从这些方面来写一写游戏：游戏名称，玩的时间，如何玩，有什么特别之处。

会玩的古人——抖空竹

其实，许多能让我们动起来的体育活动都有着这样那样的好处，我们在学习之余也要多参与有益健康的体育活动，让我们的身体更加健康哦！

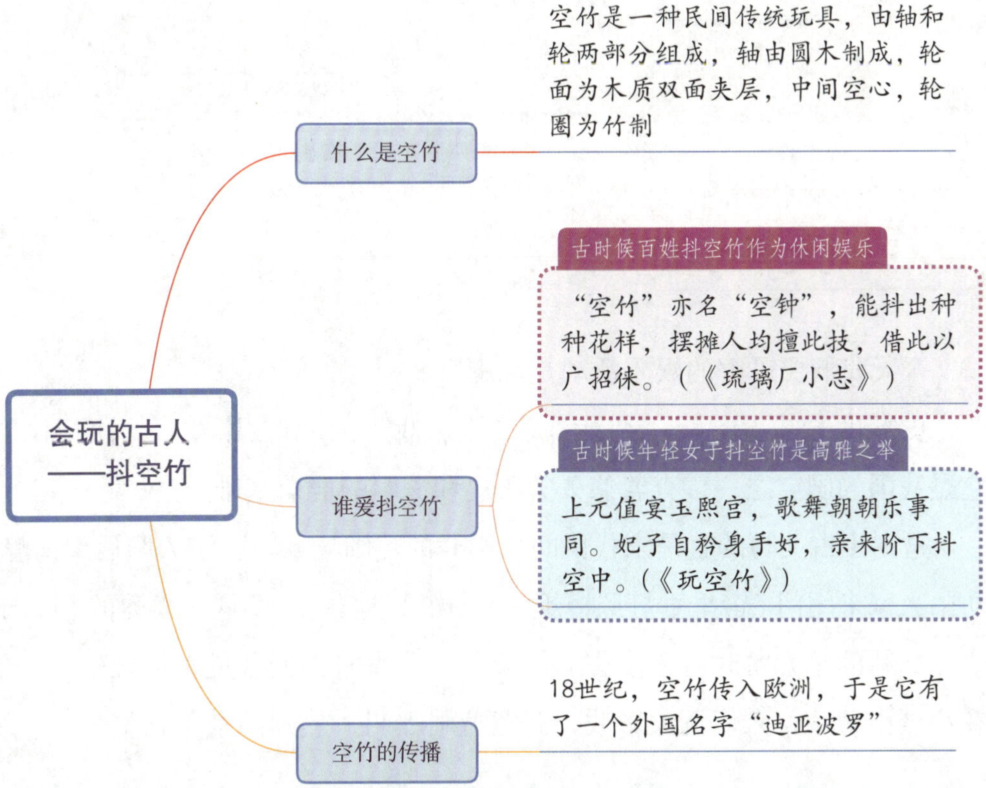

一口叙说千古事，双手对舞百万兵——玩皮影

又云：“游人归后天街静，坊陌人家未闭门。帘里垂灯照樽俎，坐中嬉笑觉春温。”或戏于小楼，以人为大影戏，儿童喧呼，终夕不绝。

——《武林旧事》

梳理故事结构

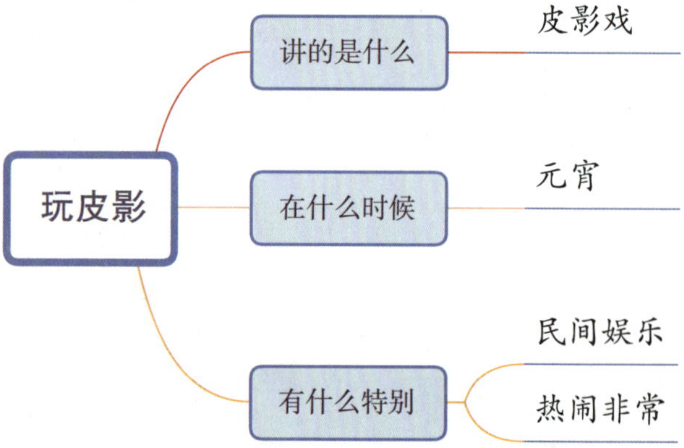

说说文章内容

今天我们要了解的娱乐活动是玩皮影。

皮影戏又叫“影戏”“灯影戏”“土影戏”。说起皮影戏呀，可了不得，它是我国的国宝之一，有着悠久的历史和深厚的群众基础。

这则小古文写的就是宋代民间玩影戏的热闹场景。“游人归后天街静，坊陌人家未闭门。帘里垂灯照樽俎，坐中嬉笑觉春温。”这是姜夔的《灯词》之一，写的是元宵时游人散去后的景象。元宵时人们或是赏灯玩乐，或是在小楼中游戏，人们玩大影戏，儿童喧闹呼叫，热闹的景象在整个元宵之

夜都不断绝。

这里的“大影戏”其实是宋代皮影戏的一类，宋代皮影戏相当繁荣。《东京梦华录》里写道：“崇、观以来，在京瓦肆伎艺……组六姐影戏……不以风雨寒暑，诸棚看人，日日如是。”又说：“诸门皆有宫中乐棚，万街千巷，皆尽繁盛浩闹。每一坊巷口，无乐棚去处，多设小影戏棚子。”你看，宋朝人喜欢影戏喜欢到了什么程度呢？无论风雨寒暑，日日都有影戏可看，每一个坊间巷口都设置了小影戏棚子。

皮影戏老少皆宜，在国内外都有不少重量级的粉丝呢！皮影戏传到欧洲以后，德国大诗人歌德成了一名忠实的皮影戏爱好者。据说在 1781 年他生日那天，歌德特地用中国皮影戏演出了《米纳娃的生平》，后来又在其他场合演出了皮影戏，正是由于歌德等文学艺术家的多次公开的介绍，使得中国皮影戏曾一度风靡欧洲。

理解重点词语

喧 呼

喧呼 喧闹呼叫。喧，声音大而嘈杂。呼，大声号叫。《新安吏》：客行新安道，喧呼闻点兵。

品读更多诗文

仁宗时，市人有能谈三国事者，或采其说，加缘饰，作影人，始为魏、蜀、吴三分战事之象，至今传焉。

——《事物纪原》

凡影戏乃京师人初以素纸雕镞，后用彩色妆皮为之，其话本与讲史书者颇同。

——《都城纪胜》

看灯词

瞿佑

南瓦新开影戏场，满堂明烛照兴亡。

看看弄到乌江渡，犹把英雄说霸王。

创意表达运用

本则小古文描写了宋代民间皮影戏娱乐的场景。皮影戏生动有趣，人们可以一边操纵影人，一边讲故事。如果是你在操纵影人，你会给大家讲述一个什么样的故事呢？请你发挥想象，说一说，写一写！

会玩的古人——玩皮影

会玩的古人——玩皮影

- 什么是皮影戏
  - 皮影戏是借助灯光把雕刻精巧的皮影人映照在屏幕上，由艺人在幕后操纵皮影人，伴以音乐和歌唱，演出一幕幕妙趣横生的戏剧的民间传统艺术
- 皮影戏的传说
  - 传说孔子周游列国时曾隔帘说书，后来被其弟子和后人继承并发展成皮影戏
  - 传说孔子的得意门生子夏在孝义讲学，为吸引更多人听讲，曾在夜晚利用“影乐”的形式聚众讲学，这也造就了后来的孝义皮影戏
  - *说的是汉武帝思念亡妃，命人剪影人隔帘造像，这也是被不少学者接受的皮影戏的起源之一*

    上（汉武帝）有所幸王夫人，夫人卒，少翁以方术盖夜致王夫人及灶鬼之貌云，天子自帷中望见焉。（《史记》）

紫陌乱嘶红叱拨，绿杨高映画秋千
——荡水秋千

又有两画船，上立秋千，船尾百戏人上竿，左右军院虞候监教，鼓笛相和。又一人上蹴秋千，将平架，筋斗掷身入水，谓之“水秋千”。

——《东京梦华录》

梳理故事结构

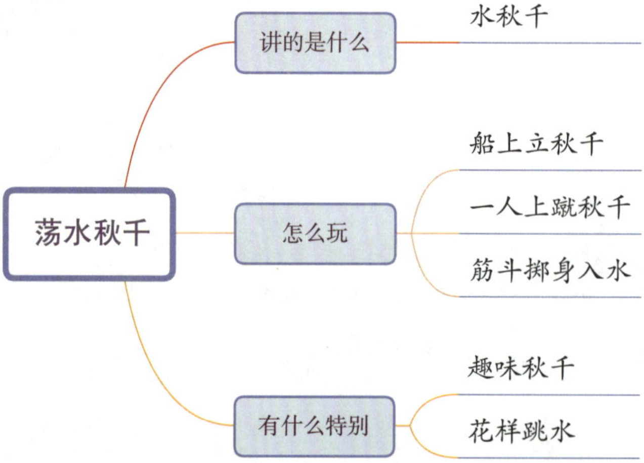

说说文章内容

右图是“秋千”二字的古字，发现了吗？两个字都有“革”字旁，而且“韆”字还带“走”字旁，意思是揪着皮绳迁移。古时候的秋千多以树杈为架，再拴上彩带做成，后来才逐步发展为用两根绳索加上踏板的秋千。

今天这则小古文里的“水秋千”和我们传统意义上的秋千又有所不同，故事说的是，有两艘画船，上面放置着秋千，船尾有百戏艺人爬上竿子——这里的百戏艺人指的就是耍杂技的人。南宋时的临安（今杭州）有水上百戏，表演艺术十分高超。船尾还有左右军院的虞候监教指导表演，一旁有人敲着鼓、吹着笛子相互唱和。又有一个人爬上秋千，来回荡秋千，当把秋千荡得和船上的顶架差不多高的时候，那人一个筋斗从秋千上翻身入水，人们管这叫“水秋千”。

你看，水秋千是一个荡秋千、跳水与高空杂技相结合的百戏表演，表演艺人从秋千上落下的时候还会做各种各样姿势优美的动作，还有点儿像我们现在的跳水项目。水秋千还有分队竞技的形式，北宋王珪的《宫词》中就描写了两队竞技、宫人内眷争相观看的情景：“内人稀见水秋千，争擘珠帘帐殿前。第一锦标谁夺得，右军输却小龙船。”

看！古人把秋千玩得多有趣、多厉害呀，真是把秋千玩出花儿来了！

互文拓展阅读

清朝的水秋千

清人范祖述在《杭俗遗风·时序类》中记载：“西湖有龙舟四五只，其船长约四五丈，头尾均高，彩画如龙形。中舱上下两层，首有龙头太子及秋千架，均以小孩装扮太子，立而不动，秋千上下推移，旁列十八般武艺，各式旗帜，门列各枪，中央高低五色彩伞，尾有蜈蚣旗，中舱下层敲打锣鼓，旁坐水手划船。”

你看，到了清代虽然在西湖龙舟之上仍然有所谓的“水秋千”，但已经和宋代时的“水秋千”大相径庭了！

创意表达运用

本则小古文描写的是有趣的“水秋千”，这种特殊的水上杂技有点儿像今天的花样跳水。相信你一定荡过秋千，那么秋千还可以怎么玩呢？请你把自己的想象写下来与我们分享一下。注意，要想得有趣，但是不要把这种想象带入现实生活中，游戏时一定要注意安全哦！

会玩的古人——荡水秋千

- 会玩的古人——荡水秋千
  - 什么是水秋千
    - 水秋千是古人在水面上荡秋千的一种运动，被视为跳水运动的雏形
  - 诗句中的水秋千
    - 内人稀见水秋千，争擘珠帘帐殿前
      - 写的是五代十国时期，花蕊夫人在皇宫中玩水秋千的场景。当时水秋千尚未普及，宫女们听说有人在玩水秋千就争先恐后地拉开珠帘观看
  - 宋徽宗与水秋千
    - 宋徽宗十分喜欢水秋千这项运动并加以推广
    - 他规定了每年都要举办一次全国性的水秋千表演比赛
    - 在水秋千表演的那一天，宋徽宗会带着皇室成员和亲信的大臣一起观赏，表演结束后他还会为表现优异的表演者颁发奖励
    - 宋徽宗对水秋千的喜爱大大推动了这项娱乐活动的发展

木腿擎人树房矮，罗衣舞袖跷棍高——踩高跷

宋有兰子者，以技干宋元。宋元召而使见其技。以双枝长倍其身，属其踁（jìng），并趋并驰，弄七剑，迭而跃之，五剑常在空中。元君大惊，立赐金帛。

——《列子·说符》

梳理故事结构

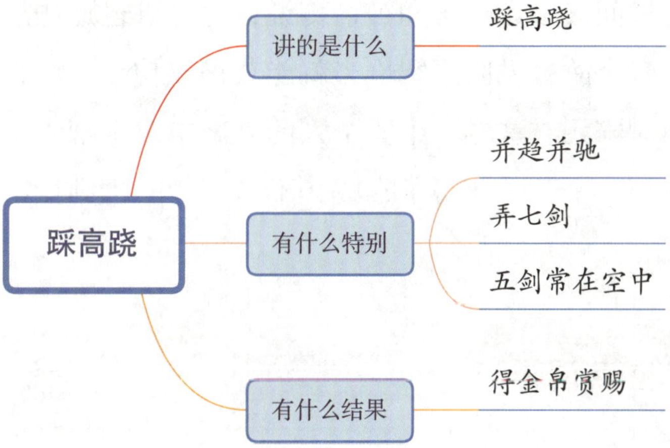

说说文章内容

这则小古文讲的是踩高跷，有些同学可能会问，踩高跷很难吗？踩高跷还真不容易，尤其是要把高跷玩出花样来，更是难上加难。

故事说的是宋国有一个走江湖卖艺的兰子，这个兰子可不是人名，而是一类人的代称，指的是行走江湖的技艺人。这个兰子凭着他所怀有的特技求见宋王宋元君，以期获得宋元君的重用。宋元君接见了他，并让他当众表演。只见这个兰子用两根比身体还长一倍的木棍绑在小腿上，

边走边跑，同时手里还要弄着 7 七把宝剑。边走高跷边要宝剑，可真不容易！你看，他一边用右手接连地向空中抛出宝剑，一边用左手精确无误地接住落下的剑。7 把亮堂堂的宝剑在他手中轮换抛掷，而空中则总有 5 把宝剑像一个循环的光圈那样转动。宋元君看了这使人目眩的特技，很是震惊，连声喝彩。他十分开心，立即赏了这个卖艺人金钱丝绸。

看了这则故事，你是不是觉得这个宋元君很会赏识人才呢？其实不是这样的，这个故事还有下文。不久之后又有一个兰子来拜见宋元君，希望凭借着自己的技艺得到一些赏赐，但是宋元君却让人把他抓了起来，关进了大牢。你看，这一赏一罚只凭宋元君一时喜怒而已。

那么这个故事要告诉我们什么呢？这则故事选自《列子》，这本书的内容多为民间故事、寓言和神话传说，通过讲述这些故事说明哲理、阐发思想。这个故事说明用智恰当就能获得成功，违反客观规律就会招来灾难。面对宋元君这样一个凭个人的喜怒来决定别人生死的帝王，恰当的时机让第一个兰子获得了赏赐，不恰当的时机则让第二个兰子受到了牢狱之灾。

理解重点词语

兰子

兰子 行走江湖的技艺人。兰，通“阑”，没有证件擅自（出入）。

以技干宋元

干

①干名：求取名位。

②干求：请求。

③干谒：有求于人而请见。

④干进：营谋官职地位。

⑤干索：索要，强取。

⑥干请：求请拜托。

下次在古文中看到带有“干”的这些词语，要知道它们的意思哦！

品读更多诗文

前面我们提到第二个兰子求见宋元君，却惨遭牢狱之灾，下面我们来读一读他的故事吧。

又有兰子，能燕戏者，闻之，复以干元君。元君大怒曰：“昔有异技干寡人者，技无庸，适值寡人有欢心，故赐金帛。彼必闻此而进，复望吾赏。”拘而拟戮之，经月乃放。

这个故事说的是，不久，又有一个会耍“燕戏”的兰子，听闻了宋元君犒赏耍剑艺人金帛的事，便前往求见宋元君。这一回，宋元君不单不感兴趣，还十分生气地说：“先前有会特技的人来求见我，正巧我心情好，固然他的身手毫无用途，可是我依然赏了他金银丝绸。今天这个兰子必然是听闻了那件事才来求我看他表演的。这不明摆着是为贪财而献技，希望我赏赐他吗？这种人真是可气！”于是宋元君命人把会“燕戏”的兰子抓了起来。宋元君一开始打算杀了他，后来又感觉他并没有犯什么大罪，于是关了他一个月就放了。

创意表达运用

本则小古文描写了一个会踩着高跷耍剑的兰子向宋元君献艺的故事，相信你也有一两样引以为豪的技艺，或是琴棋书画这等文艺之才，或是拳艺武术这等强身健体之才。请你写一写你会的一项技艺，注意要写得精彩、写得有趣味哦！

会玩的古人——踩高跷

- 会玩的古人——踩高跷
  - 什么是高跷
    - 高跷是古代百戏之一，又称“踏跷”“高跷秧歌”，是一种民间传统娱乐形式
    - 踩高跷者扮成各种戏剧人物，手持道具，双足踩着木跷而舞
  - 踩高跷的起源
    - 可能源于原始人采摘山间野果时借助木枝登踩
    - 可能源于尧舜时祭礼中踩高跷拟鹤跳舞
  - 古书中的高跷
    - 晋人郭璞注曰：“今伎家乔人（即踩跷人），盖像此身。”
    - 长股之国在雄常北，被发，一曰长脚。（《山海经》）
    - 古人认为长股国人就是用木跷扎在脚上的长脚人

第二篇

互娱

小古文大发现　古人娱乐之趣

金距斗鸡寒食后，玉蛾翻雪暖风前——斗鸡

玄宗在藩邸（fān dǐ）时，乐民间清明节斗鸡戏。及即位，治鸡坊于两宫间，索长安雄鸡，金毫铁距、高冠昂尾千数，养于鸡坊。

——《东城父老传》

梳理故事结构

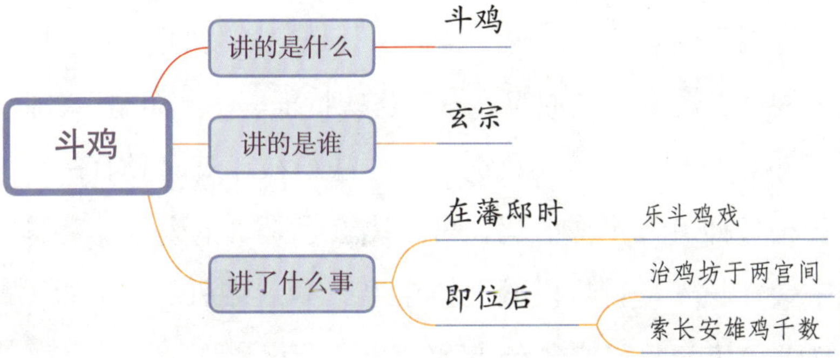

说说文章内容

鸡、鸭、鹅都是常见的家禽，它们常出现在我们饭桌上。其实，这些动物可以给我们带来更多的快乐。古时候，斗鸡、斗鸭、斗鹅的活动十分盛行。比如，《世说新语》中就有桓玄斗鹅的故事，“桓南郡小儿时，与诸从兄弟各养鹅共斗”，说的是桓南郡小时候，与堂兄弟们都养了鹅，以斗鹅为戏。《三国志》中也有“建昌侯虑于堂前作斗鸭栏”的记载，说明在古代斗鹅、斗鸭都是人们喜爱的娱乐活动。

当然了，斗鸡是更受欢迎，历史更为悠久的活动。公元前 770 年就有

鲁季平子与郤昭伯因为斗鸡而得罪了鲁昭公，竟互相打起架来的故事。你看，在中国，斗鸡起码有两千多年的历史。

今天我们的小古文说的是一个皇帝爱斗鸡的故事。据说唐玄宗在藩邸的时候就非常喜欢民间清明时节斗鸡的游戏，这里的“藩邸”指的是藩王的宅邸，也就是说唐玄宗还没有登基的时候就喜欢斗鸡。等到他即位成了皇帝，就更不得了了，他在两宫之间设置了一个鸡坊，也就是养鸡场。你想想，在皇宫中设置养鸡场，这个皇帝得有多喜欢斗鸡呀。他还驯养了几千只用来斗的长安公鸡，有金毫、铁距、高冠、昂尾，都养在这座养鸡场里。

“金毫”中的“毫”是“毛发”的意思，那么“金毫”或许就是一种全身金黄的鸡。“铁距”中的“距”是指雄鸡爪子后面突出的、像脚趾的部分，那么“铁距”或许就是一种脚爪有力的鸡。“高冠”，顾名思义就是一种鸡冠特别高的鸡。“昂尾”，“昂”是“扬”的意思，那么“昂尾”可能就是一种尾巴翘得很高的鸡。你看这些特征——“金毫”“高冠”“昂尾”，都是外表好看、可供人观赏的，“铁距在斗鸡时具有一定优势——玄宗养了各种各样有冠军像的鸡，可见唐玄宗是真的爱好斗鸡呀。据传，唐玄宗经常会在长安举行规模盛大的斗鸡比赛，特别是每年的元宵节、清明节、中秋节，更是一定要聚众斗鸡，以示天下太平。

《太平广记》里还讲了这样一个故事：“三尺童子（贾昌）入鸡群，如狎群小，壮者、弱者、勇者、怯者，水谷之时，疾病之候，悉能知之。”这位贾昌小朋友真是一个天生的斗鸡能手啊，也可以说是一个天才斗鸡训练师。于是他受到了皇帝的喜爱，民间也开始流传“生儿不用识文字，斗鸡走马胜读书”。别人是靠学识获得皇帝的青睐，贾昌则是靠自己在斗鸡上的天赋得到了皇帝的喜爱。

三百六十行，行行出状元。只要有一技之长，并且用在正道上，那么，他的成功就是值得我们钦佩的，但“生儿不用识文字，斗鸡走马胜读书”的说法却是错误的。要知道，学习始终是使人不断进步的良药。

理解重点词语

索长安雄鸡

索 “索”在这句中的意思是“求取，讨取”，杜甫在《少年行》中就曾写道：“指点银瓶索酒尝。”

品读更多诗文

季、郈（hòu）之鸡斗，季氏介其鸡，郈氏为之金距。

——《左传》

周僖王三年（公元前679年），齐桓公以宋背北杏之会，楼诸侯伐宋，单伯会之，取成于宋北境，时斗鸡其上。

——《成武县志》

体悟历史文化——“鸡”的意象

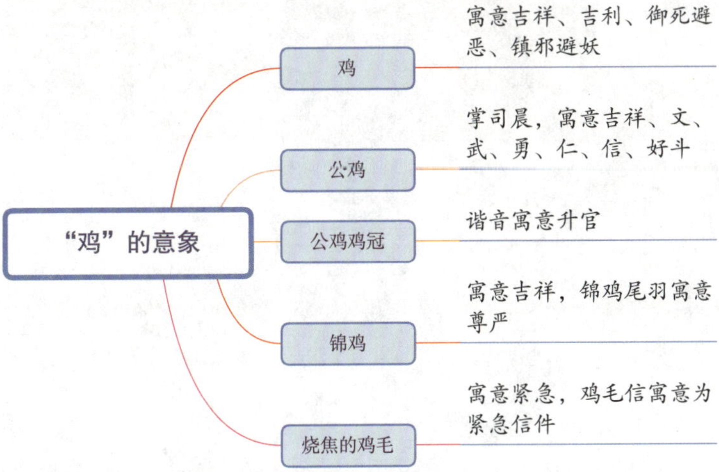

会玩的古人——斗鸡

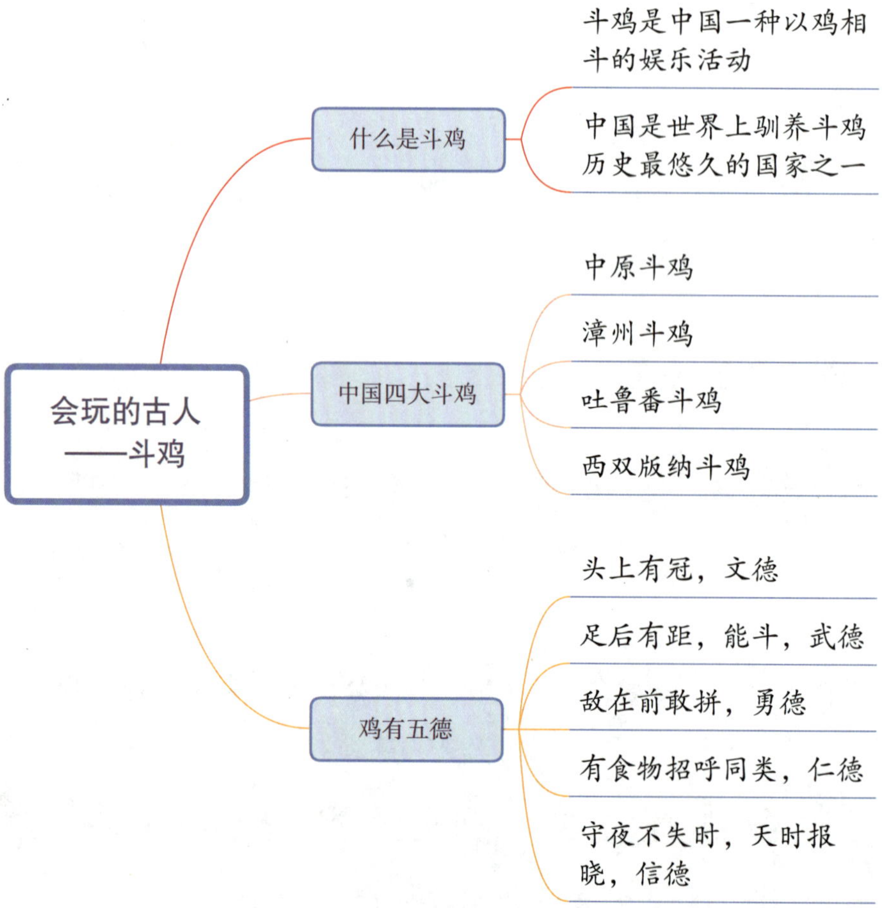
会玩的古人
——斗鸡
什么是斗鸡
斗鸡是中国一种以鸡相斗的娱乐活动
中国是世界上驯养斗鸡历史最悠久的国家之一
中国四大斗鸡
中原斗鸡
漳州斗鸡
吐鲁番斗鸡
西双版纳斗鸡
鸡有五德
头上有冠，文德
足后有距，能斗，武德
敌在前敢拼，勇德
有食物招呼同类，仁德
守夜不失时，天时报晓，信德

微虫亦可伤，何事苦争强——斗蟋蟀

每至秋时，宫中妃妾辈皆以小金笼捉蟋蟀，闭于笼中，置之枕函畔，夜听其声。庶民之家皆效之也。

——《开元天宝遗事》

梳理故事结构

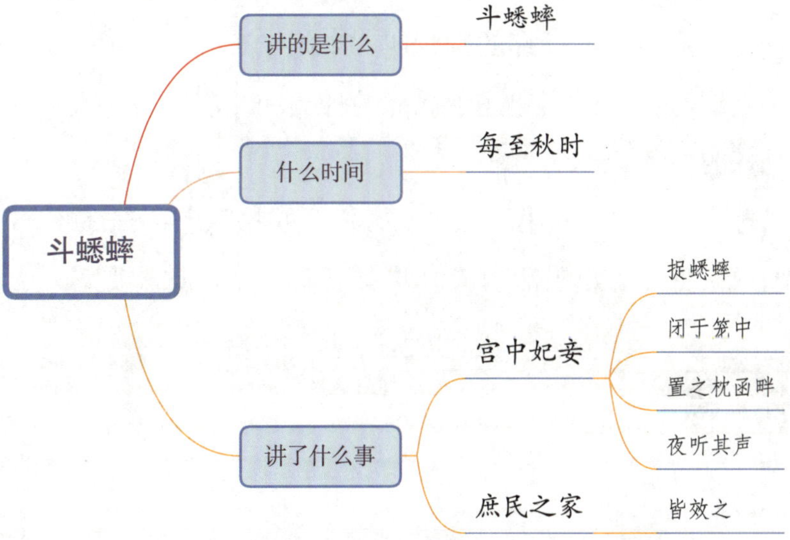

说说文章内容

今天我们要了解的这项娱乐活动和蟋蟀有关。

故事说的是，每年秋天的时候，宫中的妃妾等贵女们会用一个小金笼去捉蟋蟀，她们把蟋蟀关在笼中，放在枕头边，晚上听它们的叫声。后来，普通百姓人家也开始效仿她们的做法，捉了蟋蟀放在笼子里听声。那个时候人们把蟋蟀当作一种宠物，以听它们的叫声取乐。后来，人们逐渐发现了蟋蟀好斗的特性，开始斗蟋蟀取乐。

据学者推测，斗蟋蟀这项娱乐活动可能源于唐玄宗开元天宝年间。宋代顾文荐的《负暄杂录》中说："父老传闻，斗蛩（蟋蟀）亦始于天宝间，长安富人镂象牙为笼而畜之。以万金之资，付之一啄，其来远矣。"你看看，用金笼、象牙做成的笼子来养蟋蟀，如此奢靡，可不是一般平民老百姓能玩得起的，可见斗蟋蟀最早是皇家贵族的娱乐活动。

后来斗蟋蟀开始变得平民化，无论是达官贵人还是普通百姓都喜欢这项活动。宋代还有一位暴虐的宰相因斗蟋蟀入迷而误了国事，被人戏称为"蟋蟀宰相"，这就是贾似道。他不仅喜欢蟋蟀还愿意去研究蟋蟀，他在西子湖畔造了一座专门斗蟋蟀的别墅叫"半闲堂"，还写了一本专门研究蟋蟀的书《促织经》，详细记述了蟋蟀的种类和斗法，被后人视作我国最早的关于蟋蟀的专著。

有人把蟋蟀叫作"人间第一虫"，人们听蟋蟀鸣、蓄养蟋蟀、斗蟋蟀，这本是一项放松身心的娱乐活动，但要谨记不能玩物丧志哦！

理解重点词语

枕函

枕函 古代陶瓷枕或木枕中空如函，可做成抽屉，存放贴身物件，故称为"枕函"，此文中代指枕头。

庶民

庶民 众民，平民。

品读更多诗文

蟋蟀方首斗金鸡

蟋蟀方首战胜了强敌，正振翅有声，以鸣得意。忽有金鸡闻声而至，猛然啄之。方首机警，跳出盈尺。鸡再逐，见方首已在爪下。……但见金鸡伸颈摇冠，咯咯乱叫，不得自己，方见方首已跃上鸡冠，力叮不释，迫使金鸡败北。

你瞧，蟋蟀斗金鸡很有意思吧！但是斗蟋蟀也可能斗出悲剧。蒲松龄在《聊斋志异》中写了这样一个故事：

宣德间宫中尚促织之戏。岁征民间。此物故非西产。有华阴令欲媚上官，以一头进。试使斗而才，因责常供。令以责之里正。市中游侠儿得佳者笼养之。昂其值，居为奇货。里胥猾黠，假此敛丁口。每责一头，辄倾数家之产。

互文拓展阅读——寒露的民间活动

寒露是第 17 个节气，在这个节气里，人们常喜欢登高、赏菊、喝菊花酒、吃重阳糕、斗蟋蟀、赏枫叶。

会玩的古人——斗蟋蟀

会玩的古人——斗蟋蟀

- 什么是斗蟋蟀
  - 斗蟋蟀亦称“斗蛩”“秋兴”“斗促织”等，是以蟋蟀相斗取乐的民间博戏，也是一项古老的娱乐活动
- 相关历史人物
  - “蟋蟀宰相”贾似道：大军压境时仍与妻妾斗蟋蟀
  - “蟋蟀皇帝”朱瞻基：登基后即让人进贡上好的蟋蟀
  - 济公：用蟋蟀戏弄作恶多端的罗公子
- 斗蟋蟀的历史
  - 春秋：《诗经》——蟋蟀在堂；十月蟋蟀
  - 唐代：开始流行斗蟋蟀
  - 南宋：贵族、平民都爱斗蟋蟀
  - 明清：斗蟋蟀之风盛行——《促织经》
- 斗蟋蟀的时节
  - 斗蟋蟀的季节限定在秋季
    - 十月蟋蟀入我床（《诗经》）
    - 蟋蟀的寿命仅百日左右
  - 甲骨文的“秋”字像一只蟋蟀
    - 甲骨文：
    - 小篆：
    - 楷体：秋

人戴牛角相抵——角抵

王卞于军中置宴。一角抵（dǐ）夫甚魁（kuí）岸，负大力，诸健卒与较，悉不敌。坐间一秀才，自言能胜之，乃以左指略展，魁岸者辄（zhé）倒。卞以为神，叩其故。秀才云：“此人怕酱，预得之同伴；先入厨，求得少许酱，彼见辄倒耳。”

——《智囊全集》

梳理故事结构

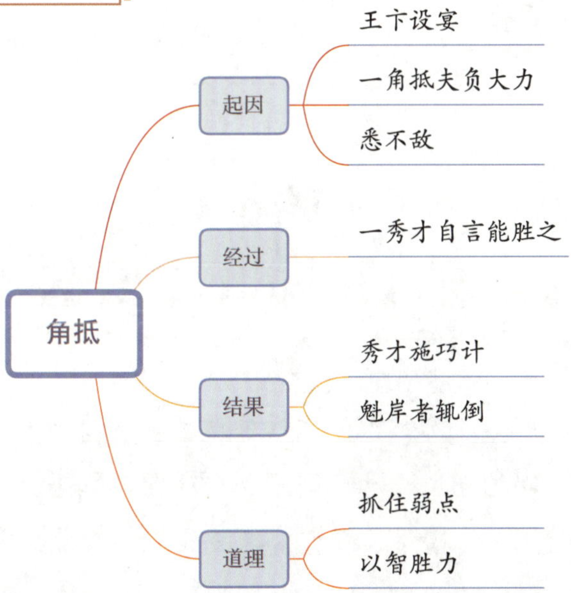

说说文章内容

今天我们要了解的这项竞技活动是角抵，也写作“角牴”。故事写的是王卞在军中设宴款待宾客。有一位摔跤手（“角抵夫”指的是摔跤手）

体格魁梧，力气很大，很多健壮的士兵和他较量，都敌不过。席间有位秀才自夸自己可以战胜这位力士，只见秀才略伸出左指，力士就倒在地上起不来了。“辄”是个副词，表示后面的行为是在前一行为之后紧接着发生的，根据文意可译为“马上，于是，就”。王下大为惊讶，以为秀才是个神人，叩问他原因。“叩其故”中的“叩”是“叩问、询问”的意思，“故”是“原因”的意思。秀才说：“我事先从他同伴那里得知他怕酱汁，因此我先到厨房要了一些酱汁，他看到我手上沾有酱汁，自己就倒在了地上。”

正是秀才聪明过人，懂得利用力士怕酱汁的弱点，攻克其心理防线，才能打败力士。这种抓住弱点，以智胜力的好办法我们在生活中也可以学习借鉴。

理解重点词语

叩

叩

①动词。敲，打。《乞食》：行行至斯里，叩门拙言辞。

②动词。探问，询问。《狱中杂记》：或叩以往事，一一详述之。

③动词。通“扣”，拉住，牵住。《史记》：伯夷、叔齐叩马而谏。

④动词。俯首到地行礼称“叩头”。《路旁老叟》：见说朝廷宽赈恤，也来叩首拜恩私。

你发现了吗？“叩”在古文中有这么多的意思，“叩门”“叩首”后来都成了常用词汇，只有“叩”作“询问”的这个意思，现在不常使用了。

品读更多诗文

角抵诗

杨万里

广场妙戏斗程材，才得天颜一笑开。

角抵罢时还摆宴，卷班出殿戴花回。

这首诗是宋代著名诗人杨万里在观看了朝廷为提高士兵的武艺而举行的“角抵”比赛后所写的。

创意表达运用

本则小古文描写了一个秀才利用力士怕酱汁的弱点，攻克其心理防线，打败力士的故事。这则小故事告诉我们遇到问题的时候可以寻找突破点，以智胜力。其实这则故事在叙述上也有很多值得我们学习的地方，在故事开头抛出一个无人能敌的角抵夫，然后又描写了一个弱不禁风的秀才，让我们产生疑问，这个秀才真的可以战胜魁梧的角抵夫吗？然后又给出出人意料的结果，最后借由秀才的口解答了我们的疑惑。故事连贯中又有起伏，含有深刻寓意。

请你也试着写一则小故事，注意描绘故事的矛盾冲突，并且自然地揭示所蕴含的道理。

会玩的古人——角抵

会玩的古人——角抵

- 什么是角抵
  - 中国古代“两两相抵”的摔跤游戏
  - 竞技性、娱乐性和观赏性并存的一种活动
- 角抵戏
  - 角抵逐渐在两两相抵的对抗中增加了故事情节、角色表演等戏剧化的因素，成了角抵戏
  - 《东海黄公》是公认的汉代角抵戏的代表剧，表演内容是：黄公手拿赤刀与老虎搏斗的过程

    东海黄公，赤刀粤祝。冀厌白虎，卒不能救。挟邪作蛊，于是不售。（《西京赋》）
- 角抵戏的起源
  - *说的是上古时的蚩尤族头上长着角，以角抵人，据说后来汉代的角抵戏是模仿这种赞美英雄的民间仪式表演的*

    秦汉间说，蚩尤氏耳鬓如剑戟，头有角，与轩辕斗，以角抵人，人不能向。（《述异记》）

隔座送钩春酒暖，分曹射覆蜡灯红——射覆

上尝使诸数家射覆，置守宫盂下，射之，皆不能中。朔自赞曰：“臣尝受《易》，请射之。”乃别蓍（shī）布卦而对曰：“臣以为龙而又无角，谓之为蛇又有足，跂跂（qí qí）脉脉善缘壁，是非守宫即蜥蜴。”上曰：“善。”赐帛十匹。复使射他物，连中，辄赐帛。

——《汉书》

梳理故事结构

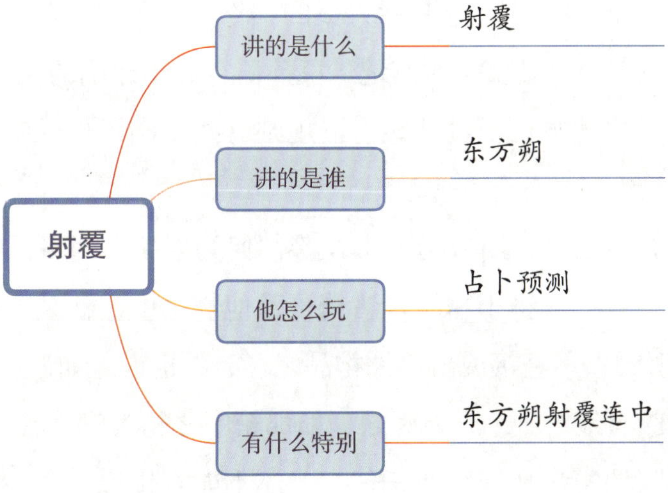

说说文章内容

今天我们要认识的这项古人的娱乐活动是射覆。

这个故事和东方朔有关，话说武帝曾经让一些擅长占筮（shì）的人射

覆，占筮就是用蓍草卜问祸福，指的是占卜活动。皇上把守宫（也就是壁虎）扣在盆子下面，让他们猜是什么，都没有猜中。东方朔自荐说：“我曾学过《易》，请允许我猜猜是什么。”于是他用蓍草分组摆成卦局，回答说：“我认为说它是龙，它却没有角；说它是蛇吧，它又是有足的。这个东西善于在墙壁上攀爬，这不是壁虎就是蜥蜴。”武帝说：“猜得对！”于是赏赐给他十四帛。又让他猜别的东西，接连都能猜中，于是皇上连连赏赐给他布帛。

看了这个故事，大家是不是觉得这个东方朔玩射覆次次都中很厉害，那么射覆是怎么玩的呢？射覆是中国古代一种用占卜来猜物的游戏，用瓯（ōu）、盂碗等器具覆盖某一个东西，让人猜测里面具体是什么，类似于猜谜。后来射覆成为行酒令的一种，《红楼梦》第六十二回写众人为宝玉等人过生日，准备在宴席上玩酒令游戏，想了十来种酒令的名字，拈成阄儿，让平儿抓，平儿拈了个“射覆”。宝钗说：“把个酒令的祖宗拈出来。射覆从古有的，如今失了传，这是后人纂的，比一切的令都难……”不光《红楼梦》中提到过射覆，其实《西游记》里孙悟空和车迟国的三个妖怪斗法，隔板猜物，也是射覆呢！不过这些射覆规则有些不同，也说明了这个游戏经历了漫长的流变，产生了一些变化。

之前说的有些抽象，用鲁迅先生在答“何为射钩”时说的话来解释什么是射覆很合适：“或将小物品置诸箱子及他物之中，让某人猜度，谓此曰‘射钩’。射的人不直接说出那件物品之名，而也说之如谜。例如说‘时时坐家中，满腹有经纶’，开箱观之，如那箱中之物为蜘蛛，则为射中。”看来，射覆不仅要猜出那样东西是什么，还不能直接说出来，要把与谜底有关的字词的典故说出来，难度真的颇高呀！

理解重点词语

守宫

守宫　蜥蜴的一种，即我们所说的壁虎。

自赞

自赞　自我推荐。赞，引见。

品读更多诗文

又嘉祐中，士人刘幾，累为国学第一人。骤为怪险之语，学者翕然效之，遂成风俗。欧阳公深恶之，会公主文，决意痛惩，凡为新文者一切弃黜。时体为之一变，欧阳之功也，有一举人论曰："天地轧，万物茁，圣人发。"公曰："此必刘幾也。"戏续之曰："秀才剌，试官刷。"乃以大朱笔横抹之，自首至尾，谓之"红勒帛"，判大纰缪字榜之。既而果幾也。

——《梦溪笔谈》

会玩的古人——射覆

- 会玩的古人——射覆
  - 什么是射覆
    - “射”是“猜测”的意思，“覆”是“覆盖”的意思
    - 射覆是古代人们用瓯、盂碗等器具覆盖某个东西，再让人猜测里面具体是什么的一种猜谜游戏
  - 射覆难在哪儿
    - 藏东西的一方称为“覆者”
      - 覆者提供的暗示少
    - 猜东西的一方称为“射者”
      - 射时漫无边际
      - 要用跟“底”有关的字、词、典故作答
    - 覆词、射词皆有出处
  - 射覆的玩法
    - 举个例子，如果所覆之物是蝉，那么覆者和要念一句与蝉有关的诗句，射者若猜出了也要说一句与蝉有关的诗句作答
    - 覆者说　居高声自远
    - 射者说　徒劳恨费声
  - 古书中的记载
    - 于覆器之下而置诸物，令暗射之，故云射覆。（颜师古注）
    - 上尝使诸数家射覆。（《汉书》）

下双陆棋

潘彦好双陆，生平局不离身。曾泛海，遇风船破，彦手抱局，口衔骰（tóu）子，飘泊二日夜，方抵岸。两手见骨，局终不舍，骰子亦在口。

吾乡有刘翁好酒，尝与客渡江，值厉风，舟欲颠覆。众皆慌错，翁抱持酒瓮，默然不言。既泊，问其故，答曰：“死生命耳，若翻瓮失酒，此际何以遣怀？”潘彦之见，亦犹是也。

——《古今谭概》

梳理故事结构

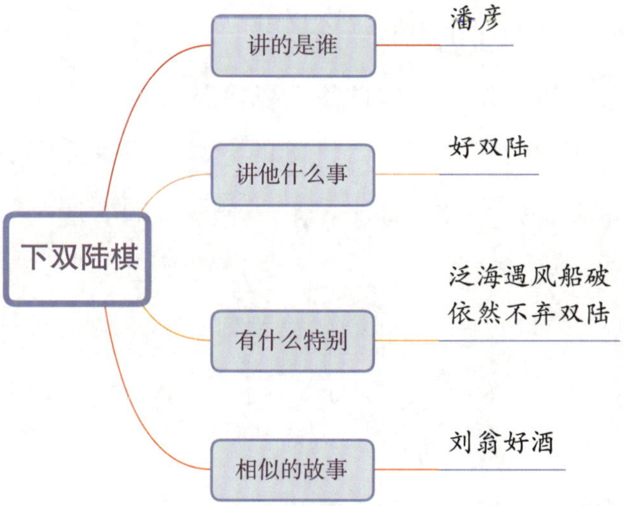

说说文章内容

今天我们要了解的古代娱乐是下双陆棋。相信不少人对这项娱乐活动有些陌生。双陆是一种古老的博戏，它因棋盘左右各 6 路而得名。双陆棋盘中门的左、右各设 6 路棋道，双方合计 24 路棋道，叫作“梁”。从洪遵在《谱双》中对双陆的记载来看，一般玩双陆棋时双方分别使用黑、白各 15 枚棋子，黑白棋均相对垒。下棋时，先掷骰子，根据骰子的点数移动棋子，白子自右至左移动，黑子自左至右移动，需要绕一圈回来。在绕行中，双方棋子碰撞，开始互打，被对方打下的棋子要退至原来的起始位置，只有再投出合适的点数，才能重新启动。棋盘上的后 6 梁叫作“末梁”，双方以棋子尽归末梁为胜。

你看，双陆棋的玩法是不是有点儿像现在小朋友玩的跳棋呢？

这个故事讲的是，古时候有一个人叫潘彦，他爱好玩双陆棋，生平就爱带着双陆棋用具，从不离身。有一次潘彦坐船，在海上遇到了狂风大浪，船被浪击破了，他用手抱着棋盘，嘴里衔着骰子，在海水里漂泊了两天两夜才漂回了岸边。两只手的刮伤十分严重，最严重的地方甚至深可见骨，但潘彦始终没有把棋具丢掉，而且骰子也仍然在他的口中含着。

无独有偶，作者的老家有一个姓刘的老翁，特别爱喝酒。他曾经与旅居他乡的人一起渡江，突然江面上刮起了狂风，眼看船马上就要翻了。大家个个惊慌失措，只有这刘老头一个人紧抱着酒缸默不作声。大风过去后，船才缓缓地停泊到岸边，大家问刘老翁为何要酒不要命。他回答说：“生死都是命中注定的，假如当时没抱住酒缸，让它翻倒把酒洒了，这时候又拿什么来排遣胸中的忧愁呢？”

你们看，潘彦对双陆棋的喜爱到了要棋不要命的地步，是不是和这刘老翁爱酒是一样的？

在遇到生命危险时，这两位想到的不是先保护自己，而是选择保护心爱之物，足以见得双陆棋对于潘彦，酒对于刘老翁来说，比他们的生命更加重要。棋和酒对他们来说是精神的支撑和依靠。其实这也很好理解，一个剑客的剑，一个琴师的琴，也都遵循这样的道理。因此才有“剑在人在，剑亡人亡”的说法。这样，那些让人匪夷所思的行为也就可以理解了。当然，理解是理解，但不一定要学习、模仿，尤其是不应拿我们生活中的游戏来作参照，那些东西不足以支撑我们的精神生活。

理解重点词语

衔

衔 （用）嘴含。《燕子来舟中作》：湖南为客动经春，燕子衔泥两度新。《读山海经》：精卫衔微木，将以填沧海。

品读更多诗文

双陆

刘鹗

摴蒱小戏只消忧，但恨无人为点筹。
几个疏星榆塞晓，半弯残月雁门秋。
六军先满俱成列，单马如飞肯少留？
迟疾知几应甚速，不知何日取封侯。

咏双陆骰子

朱湾

采采应缘白，钻心不为名。掌中犹可重，手下莫言轻。
有对唯求敌，无私直任争。君看一掷后，当取擅场声。

斗鹌鹑·双陆

周德清

四角盘中，三十骑里，多少机关？包藏见识。席上风前，花间树底。起斗刚，各论智。盘样新奇，声清韵美。

互文扩展阅读

双陆趣事

唐代张读的《宣室志》中记载了这样一个故事：

一天，有个秀才在洛阳城内的一处空宅中借宿，睡梦中看见堂中走出道士、和尚各15人，排作6行；另有两个怪物出现，各有21个洞眼，其中4眼闪动着红光。道士与和尚在怪物的指挥下或奔或走，分布四方，聚散无常。每当有道士一人站在一处时，就会被和尚击倒。第二天，秀才觉得事出有妖，就在堂上寻找，结果从壁角中发现一个破袋子，里面有双陆子30枚、骰子一对，才明白了原委。

创意表达运用

本则小古文描写了酷爱双陆棋的潘彦和好酒的刘翁，他们俩对喜好的执着都已经到了不要性命的地步，这当然是一种夸张的说法，在现实生活中也不应模仿。每个人都会有自己心爱的物品，你是否也有一件心爱的物品可以与我们分享一下呢？可以模仿小古文中的写法，用夸张的手法写一件有代表性的事情来表达你对这样物品的喜爱。

会玩的古人——双陆

- 会玩的古人——下双陆棋
  - 什么是双陆
    - 双陆是古代的一种博戏，因棋盘左右各有6路而得名
    - 双陆所用的棋子称为“马”，黑白棋子各有15枚
    - 玩的时候双方掷骰行马，白马从右到左行，黑马从左到右行，先出完的人取胜
  - 双陆的别称
    - 双陆最近古，号雅戏，以传记考之，获四名：曰“握槊”，曰“长行”，曰“波罗塞戏”，曰“双陆”。（《谱双》）
  - 双陆的用具
    - 棋盘称为“局”
    - 骰子称为“琼”
    - 棋子称为“马”

第三篇

群戏

小古文大发现　古人娱乐之趣

蹴鞠当场二月天，仙风吹下两婵娟——蹴鞠

安陵阪里公乘项处病，臣意诊脉，曰：“牡疝（mǔ shàn）。”……臣意谓之：“慎毋为劳力事，为劳力事则必呕血死。”处后蹴鞠，要蹶（juě）寒，汗出多，即呕血。臣意复诊之，曰：“当旦日日夕死。”即死。

——《史记》

梳理故事结构

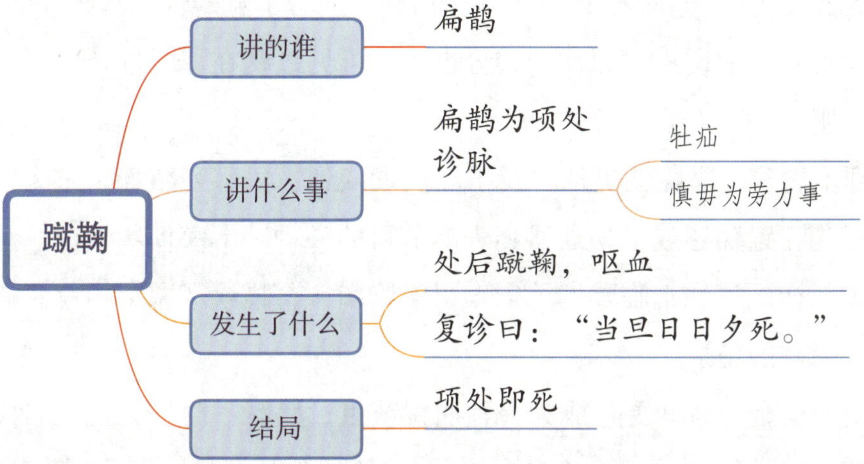

说说文章内容

今天我们要看的这则故事来自《史记·扁鹊仓公列传》。

大家都知道扁鹊是中国古代名医，这则故事说的是他给安陵阪里项处看病，扁鹊诊断他得的是牡疝，劝他不要再做“劳力事”，如果做“劳力事”一定会吐血而死。后来项处蹴鞠吐血，扁鹊再次诊断认为他第二天晚上就会死，后来项处果然死了。这项处，医生都告诉他了不能做一些费力的事，

他却不遵医嘱，仍然要去踢球，最终身亡。这是一个不听话的病人，那么让他得病都不能放弃的蹴鞠又是怎样的一项娱乐活动呢？让我们一起来看看吧！

蹴鞠又称“蹋鞠”“蹵鞠”，是中国古代的足球运动。“蹴”就是用脚踢，“鞠”是皮制的球，“蹴鞠”就是用脚踢球。蹴鞠流传了几千年，2006年5月，被批准列入第一批国家级非物质文化遗产名录。

传说蹴鞠是黄帝所作，刘向的《别录》中就曾记载：“蹴鞠者，传言黄帝所作。”战国时，蹴鞠成了一种流行的民间娱乐活动，《战国策》中就记载了：“临淄甚富而实，其民无不吹竽、鼓瑟、击筑、弹琴、斗鸡、走犬、六博、蹋鞠者。”就是说富裕起来的临淄，市民有很多文体活动，包括吹奏、击打、弹拨乐器，斗鸡、赛狗、下棋和踢球。

到了汉朝，蹴鞠不仅是一种娱乐活动，还有了竞赛性和军事性的用途，刘向《别录》中说：“蹋鞠，兵势也。”可见蹴鞠在那时候还有了军事训练的作用。

到了唐宋，蹴鞠就更加普及了。从贵族到平民都爱蹴鞠，宋太宗就非常爱蹴鞠，蹴鞠还成了朝廷盛宴表演节目的一种。上海博物馆内，藏有一幅宋末元初画家钱选临摹的《宋太祖蹴鞠图》，描绘了宋太祖赵匡胤等君臣6人踢球的场景。

到了辽金，蹴鞠更是成为一种庆祝节目，盛行一时，元代无名氏的散曲唱道：“见游人车马闹，王孙争蹴鞠。”说的就是元代人们爱蹴鞠的情形。

到了明清，蹴鞠进一步蓬勃发展，甚至出现了专门的《蹴鞠图谱》。清代中叶以后，随着西方现代足球的传入，中国传统的蹴鞠活动被欧洲的现代足球所取代，只留下踢毽子作为“蹴鞠之遗事”得以继承与发展。

理解重点词语

旦日

旦日 第二天。《史记·高帝本纪》：方飨士，旦日合战。

慎毋

慎 千万，无论如何，表示警惕。

毋 不。

品读更多诗文

描写女子蹴鞠：蹴鞠当场二月天，仙风吹下两婵娟。

描写皇帝蹴鞠：宫殿千门白昼开，三郎沉醉打球回。

描写军中蹴鞠：蹴鞠花阴外，轻盈复悍骁。

描写宫中蹴鞠：斗鸡金宫里，蹴鞠瑶台边。

描写众人蹴鞠：君不见，一球起，一球落，两旁观者俱不弱。

创意表达运用

本则小古文描写了一个人病重仍难以放弃蹴鞠，最后身亡的故事。古时候的蹴鞠和现在的足球很相似。相信你在学校里也有踢球的经历，你可以试着仿照上面的诗词，写一写你踢球的经历吗？

会玩的古人——蹴鞠

- 会玩的古人——蹴鞠
  - 什么是蹴鞠
    - 蹴鞠就是用脚踢球，它是中国古代的足球运动
    - 2004年，国际足联宣布足球起源于中国
    - 2006年，蹴鞠被列入第一批国家级非物质文化遗产名录
  - 蹴鞠的起源
    - 考古人员在多个原始社会遗址发现的石球遗物，可能是当时的狩猎工具，古老的游戏往往源于生产工具
    - 蹴鞠的起源或许与部落征战有关
  - 蹴鞠奇才
    - 你看，明代这个叫郭承仪的蹴鞠高手的控球技术是不是很高超
    - 时以踢球为娱，久之惯熟，遂为一时绝技。或自娱一球，能使球沿身前后上下，终日飞动不坠；或兼应数球，能随诸敌缓急轻重，应接不谬。（《宛署杂记》）
  - 古代的鞠
    - 唐以前的鞠是“以韦为之，中实以物”的实心球
    - 唐代产生了用动物的膀胱为胆，外面用皮革缝制而成的充气球
    - 气之为球，合而成质。俾腾跃而攸利，在吹嘘而取实。（《气球赋》）

击鞠王孙如锦地，斗鸡公子似花衣——击鞠

乙卯，上谓侍臣曰：“昨登楼，欲以观人情及风俗奢俭，非为声乐。朕闻胡人善为击鞠之戏，尝一观之。昨初升楼，即有群胡击鞠，意谓朕笃好之也。帝王所为，岂宜容易。朕已焚此鞠，冀（jì）杜胡人窥望之情，亦因以自诫。”

——《资治通鉴》

梳理故事结构

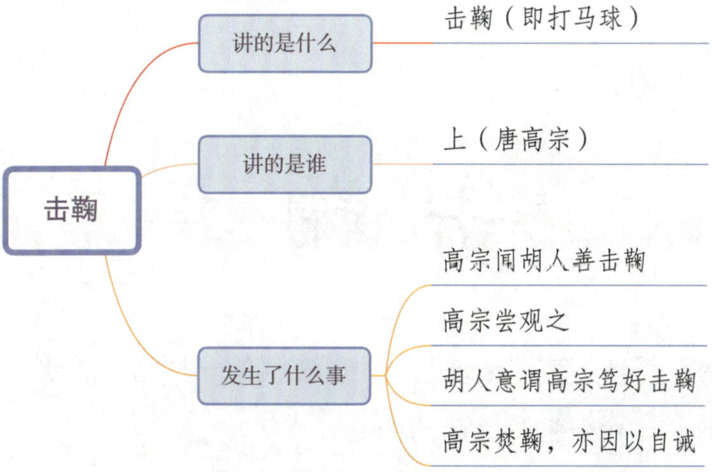

说说文章内容

今天我们来了解一项古代的娱乐活动——击鞠。

击鞠和我们之前说的蹴鞠有一些不一样，它是人骑在马背上用长柄球槌击球的一种运动，今谓“马球运动”。说起击鞠的来历呢，有人说击鞠是唐朝初年从波斯传入的，当时被称为“波罗球”。击鞠由波斯传入吐蕃，

再由吐蕃传入中原。还有人说击鞠就是我国本土发展起来的娱乐活动，是从西藏地区发展起来的，《封氏见闻记》中就有“闻西蕃人好为打球”的记载。总之，击鞠的历史真是十分悠久！

今天我们要来学的就是《资治通鉴》中的一篇关于击鞠的小古文。

乙卯年，唐高宗李治对侍奉的臣子说：“昨天我登上高楼，是想看一看我国百姓的生活风俗和习惯是奢靡还是节俭，并不是为了观赏音乐活动。我听说胡人擅长击鞠，曾经去看过一次。昨天我刚刚登上高楼，就有一群胡人在玩击鞠，他们估计以为我十分喜爱击鞠，想讨好我。帝王所做的事，怎么能轻易让人窥伺揣摩。所以我已经烧掉了这颗球，希望能够杜绝胡人窥伺我的行为，也用此行为来告诫自己。”

唐高宗作为一个帝王，为了不让自己沉迷游戏，也为了杜绝胡人窥伺，把球给烧了，可见他坚韧的心性。

理解重点词语

击鞠

击鞠 也称“打球”或“击球”，中国古代的一种体育活动。人骑在马上持杖击球，与今天的马球运动相似。

冀

冀 希望。《离骚》：“冀枝叶之峻茂兮，愿俟时乎吾将刈。”

品读更多诗文

连翩击鞠壤，巧捷惟万端。——曹植

击鞠王孙如锦地，斗鸡公子似花衣。——皮日休

雨催树绿吹箫陌，日射尘红击鞠场。——陆游

骏马如云击鞠驰，衣冠彷佛正隆时。——傅若全

击鞠都门外，斗鸡驰道东。——孙西庵

归来意气犹未已，击鞠呼卢侍罗绮。——爱新觉罗·弘历

创意表达运用

本则小古文描写了唐高宗为了杜绝胡人窥伺，焚烧马球以自诫的故事。请你想一想当时一群人击鞠是如何热闹的景象，可以参考上面的诗句想象一下，试着写一写。

会玩的古代人——击鞠

- 会玩的古人——击鞠
  - 什么是击鞠
    - 人骑在马上，用马球杆击球入门的一种体育活动
    - 是中国古代的马球运动，据记载，东汉时已有击鞠活动，盛行于唐、宋、元三代
  - 击鞠外来说
    - 有人认为击鞠是唐朝初年由波斯传入吐蕃，再经由吐蕃传入中原，又称“波罗球”，“波罗”是polo的音译
  - 诗词中的鞠击
    - 上得马来才欲走，几回抛鞚抱鞍桥
    - 金锤玉銮千金地，宝杖雕文七宝球
    - 宛转萦香骑，飘飖拂画球
    - 今节重遨游，分镳戏彩球
    - 御马牵来亲自试，珠球到处玉蹄知

茗战分高下，骚坛叹废兴——茗战

政和二年三月壬戌，二三君子相与斗茶于寄傲斋。予为取龙塘水烹之，而第其品。以某为上，某次之。

——《斗茶记》

梳理故事结构

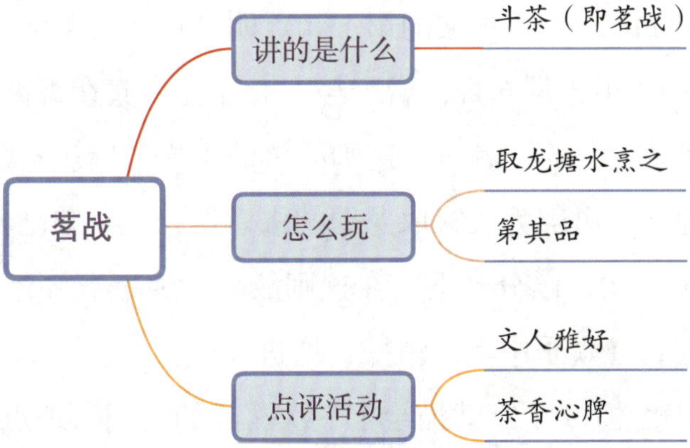

说说文章内容

今天我们要来了解的一项古代文人的娱乐活动是茗战。

“茗”就是茶或者茶芽的意思，我们常说的“品茗”意思就是喝茶。茗战，顾名思义就是品茗之战，和茶叶有关。茗战还有一个名字，叫“斗茶”。《云仙杂记》中就有“建人谓斗茶为茗战”的记载，它是我国古代评定茶叶质量优劣、沏茶技艺高下的一种娱乐活动，可以说是中国古代品茶的最高表现形式。

把喝茶当作一种爱好，把品茶、评茶作为一种娱乐活动，你看古人多有情趣，多么文雅呀！

据传茗战大约出现在唐代中期，在《梅妃传》中有这样的记载：

开元年间，玄宗与妃斗茶。顾诸王戏曰："此梅精也。吹白玉笛，作惊鸿舞，一座光辉。斗茶今又胜我。"

这是关于斗茶最早的记录。到了宋朝，品茶之风盛行，人们对于茗战更加喜爱，也更加讲究，连宋徽宗赵佶也乐此不疲，他曾写就《大观茶论》一册，其中谈道："天下志士，励志清白，竞为闻暇修索之玩，莫不碎玉锵金，啜英咀华。较筐箧之精，争鉴裁之别，虽下士于此时，不以蓄茶为羞。"还盛赞此举谓"盛世之清尚也"，他认为茗战是盛世之中高洁清新的爱好，这使茗战备受推崇。

今天我们要看的这则小古文就来自《斗茶记》，"政和"是宋徽宗的年号，"政和二年"就是1112年。小古文的第一句点明了这次斗茶活动发生的时间、地点和事件：1112年3月6日，唐庚与三五知己一起在寄傲斋斗茶。"寄傲斋"就是《斗茶记》的作者——这则故事的主人公唐庚被贬惠州时读书、品茗、会客的地方。唐庚为大家取龙塘的水煮茶，三五知己各取所藏好茶，轮流品尝，决出名次，以分高下。在这则故事中，三五知己拿出各自珍藏的茶，互相品评，在娱乐中陶冶情操，增进友谊。

这则故事用短短39个字就描绘了一次茗战的时间、地点和过程，文言文的精炼可见一斑，至于这次茗战中各人所带来的茶究竟味道如何，我们只能在想象中品味这缕茶香了。

理解重点词语

而第其品

第 等第、次序的意思。

“第”在这里翻译成“等第”不太合适，我们可以在原来意思的基础上，将名词改为动词，翻译成“判断等第”，你学会了吗？

品读更多诗文

茗战淡成醉，幽玄古与期。——张乔

辍餐茗战罢，持用解水厄。——晁公遡

水交以淡，茗战而肥。——陈继儒

独惜未经娴茗战，春风辜负采茶歌。——吴廷化

创意表达运用

1. 你发现了吗？小古文的表达顺序和我们现在的表达顺序有一些不同，你能按我们现在惯用的表达顺序改写下面这个句子吗？

二三君子 / 相与斗茶 / 于寄傲斋

↓ ↓ ↓

人物　　做了什么　　在什么地方

2. 本则小古文描写了一个古人品茶、评茶的小故事，语言非常凝练。其实我们可以展开想象，想一想他们所品尝的茶是什么味道的，他们会怎样形容自己品到的茶。你可以去泡一杯茶，想象一下自己正置身于1112年的那次斗茶活动之中，发挥想象写一写你品到的茶味。

____

____

____

____

会玩的古人——茗战

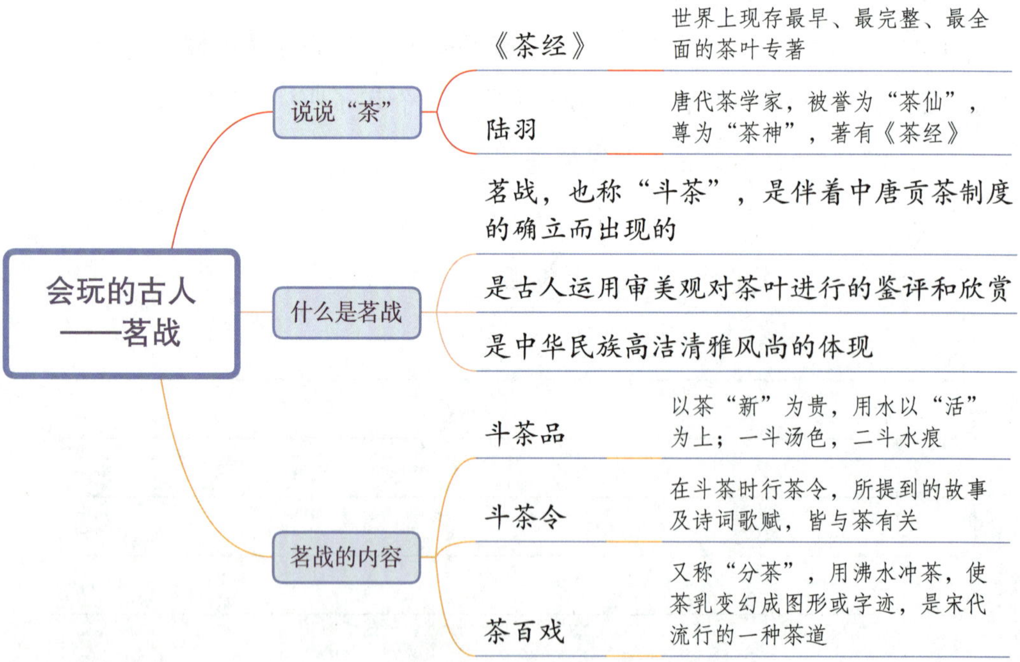

斗鸭阑干独倚，碧玉搔头斜坠——抢鸭

龙船自五月朔至十八日为一市。……小船载乳鸭，往来画舫间，游人鬻（yù）之掷水中，龙船执戈竞斗，谓之“抢标”。

——《扬州画舫录》

梳理故事结构

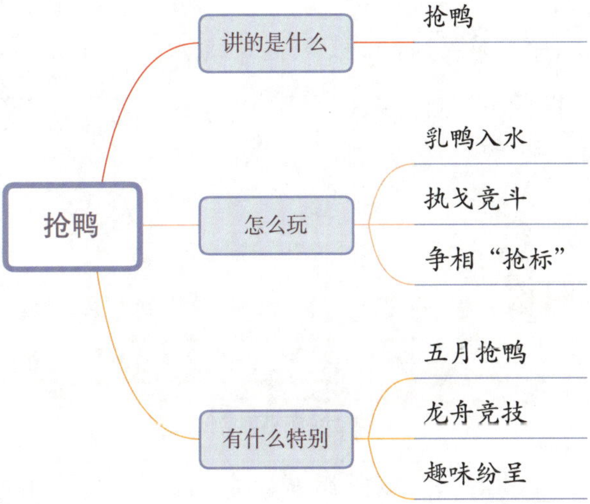

说说文章内容

我们都知道赛龙舟是端午节的传统活动，你有没有想过龙舟还能和鸭子联系在一起？这就是我们今天要了解的一项有趣的古代游戏：抢鸭。

抢鸭，顾名思义就是抢鸭子，怎么抢呢？有这样一则有趣的故事：龙舟从五月初一到十八为一市。“朔日”是每个月的第一天，“市”指集会，那么这个抢鸭活动就是发生在五月初一到十八这个龙舟集会期间。这时候小船上会载着刚出生不久的小鸭子，在一些漂亮精美的游船中来回行驶，游人们买了鸭子就可以把它们扔进水里，划龙舟的人就会划着桨去争夺这些乳鸭，看谁抢到的鸭子多，这就是“抢标”，也叫“抢鸭”。

理解重点词语

朔

朔

①表示时间，指农历每月初一。

②表示方向，指北方。比如，“朔风”就是“北风”的意思；“朔方”就是“北方”的意思。

互文拓展阅读

丙午龙舟案

光绪三十二年（1906），在扬州城里南门钞关运河的龙舟竞渡发生了一件惨案：当时的富商大户把写有“赏钱 ×× 两”的赏票放在掏空的鸭蛋壳里，扔到运河中，让划龙舟的水手下水“抢标”。怎么抢呢？鸭蛋壳在水面上随波逐流，沉浮不定，“抢标”的水手不准用手争抢，而是要用嘴将鸭蛋壳咬住，才算“得标”。就在许多龙舟聚拢城南钞关河边准备“抢标”时，许多百姓挤上了停泊在河边的官府运送纳税“锞银”的专用船，这种船的船体较大，有上下两层。大批围观群众为了获得更好的观看体验，纷纷挤到临近河中央的一侧去观看“抢标”，导致船体失去了平衡，有两百余人落水伤亡。因为这一年是丙午年，扬州人就把这次事件称作“丙午龙舟案”。此事以后，龙舟赛事“悬为厉禁”。一百多年来，扬州城内再未有过盛大的端午龙舟竞渡活动。

创意表达运用

其实直到现在，陕西安康等地方依然有龙舟抢鸭的活动，很多媒体都争相报道这种有意思的活动，请你也当一回小记者，以我们今天阅读的这则小古文为素材，报道一下几百年前的那一次抢鸭活动吧！注意新闻报道的写作方式，并且要尽量写得生动有趣，吸引读者哦！

会玩的古人——戏鸭

会玩的古人——戏鸭

- 斗鸭
  - 少好学，善属文。年未二十，以为始兴王浚后军参军，迁太子舍人。坐属疾，于杨列桥观斗鸭，为有司所纠，原不问。（《宋书·王僧达传》）
- 射鸭
  - 这里的“鸭”并不是真的鸭子哦，只是用木头做成鸭子形状的物体
  - 苑东天子爱巡游，御岸花堤枕碧流。新教内人供射鸭，长将弓箭绕池头。（《宫词》）

击筑落高月，投壶破愁颜——投壶

薛眘（shèn）惑者，善投壶，龙跃隼（sǔn）飞，矫无遗箭。置壶于背后，却反矢以投之，百发百中。

——《太平广记》

梳理故事结构

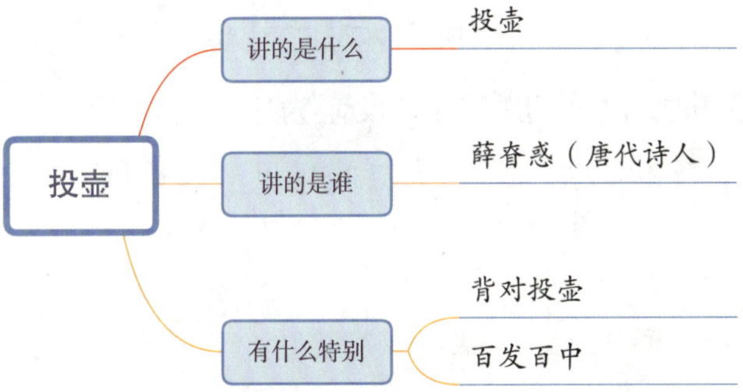

说说文章内容

今天我们要来了解的古人的娱乐活动是投壶。

我们先来看看这则小古文。故事说的是一个叫薛眘惑的人，他是唐朝诗人，据说非常擅长投壶这项活动，他投壶的样子就像英勇的龙在天空中飞跃，像凶猛的鸟在空中飞翔一样，他投壶的时候不会有一支箭掉在壶外面。他还可以把壶放在背后，反手投壶，也能做到百发百中。你看这则故事讲了这个人投壶的样子和投壶的绝技——背对反手投壶，百发百中，这人真是一个投壶高手呀！

说起投壶这项活动，可与我们熟悉的射箭有密切的联系，《礼记》中说：

“取半以下为投壶礼，尽用之为射礼。”郑玄注：“投壶，射之细也。射谓燕射。”相传在春秋时期，在各种大型的宴会要进行射礼，这个射礼其实就是让宾客们射箭。当时，成年男子都以擅长射箭为荣，而且主人要求宾客射箭，客人是不可以推辞的。箭术高超者会受恭贺，箭术低者会被耻笑，所以说是“射礼”。到了春秋末年，这些贵族们逐渐堕落腐化，一些人甚至连弓都拉不开了。为了维持这种礼仪，大家想到了一个替代方式，也就是投壶。投壶就是把箭投进酒壶，这样可以照顾一些不会射箭的人。于是，这项活动很快流行开来，并慢慢成为人们宴饮时的一项娱乐活动。

到了战国时期，投壶已经相当受文人喜爱。我们都知道，文人们注重内心的修养，而投壶是一种比较温和且内涵丰富的活动。《礼记》中就曾提到：“投壶者，主人与客燕饮讲论才艺之礼也。”因此，投壶在文人中间流行开，与此同时，民间也开始以投壶为乐，并且减少了礼仪属性，增加了娱乐性，投壶逐渐成为一项古人喜闻乐见的娱乐活动。

理解重点词语

龙跃隼飞

龙跃 像龙一样飞驰的样子。

隼飞 像凶猛的鸟一样飞翔的样子。隼，凶猛的鸟。

百发百中

百发百中 形容射箭精准，每次都能命中目标。《战国策·西周策》：楚有养由基者，善射。去柳叶者百步而射之，百发百中。

品读更多诗文

击筑落高月，投壶破愁颜。——李白

好贤礼士，雅歌投壶，恂恂如儒生。（《续资治通鉴》）

率以风流啸咏、投壶饮酒为事。（《墨妙亭记》）

横槊吟情，投壶歌兴，有前人旧典型。——刘时中

投壶莫问输多少，愿博江门一醉归。——苏葵

古人尚德不尚巧，射礼投壶本同调。——吴纶文

创意表达运用

本则小古文描写了一个善投壶的人，写了他投壶的样子和反矢投壶百发百中的绝技。我们在描写一项活动的时候也可以抓住精彩的细节展开，请你试着抓住细节，模仿这则小古文的写法，写一写自己擅长的一项活动吧！

会玩的古人——投壶

- 会玩的古人——投壶
  - 什么是投壶
    - 投壶，是古代宴会的礼制，也是士大夫宴饮时进行的一种投掷游戏
    - 投壶礼举行时，宾主双方轮流将无镞之矢往壶里投掷，以投中多者为胜，负者须饮酒
  - 投壶实证
    - 是我国目前已发现的最早的铜投壶
    - 1974年，在河北省平山县的战国中山王墓中出土了一件造型别致的三犀足筒形器
    - 1974年，山东省长岛县出土了一件战国早期的刻纹提梁壶，壶上刻有一幅投壶的图案，把投壶者正在投掷的瞬间动作定格了下来
  - 趣味投壶“骁”
    - 汉武帝时，郭舍人把棘矢改成竹箭，去壶中小豆，当竹箭投中后会反弹出来，游戏者将之接住，继续投壶，这种有趣的玩法叫“骁”
    - 武帝时，郭舍人善投壶，以竹为矢，不用棘也。古之投壶，取中而不求还，故实小豆于中，恶其矢跃而出也。郭舍人则激矢令还，一矢百余反，谓之为骁。（《西京杂记》）
  - 花式投壶
    - 连续投壶：《南史》记载，“见柳恽投壶，骁不绝停”
    - 隔屏投壶：《颜氏家训》记载，会稽贺徽能“隔障投之”
    - 闭眼投壶：《晋书》记载，“王胡之善于投壶，言手熟闭目”

看红旗惊飞，蹴踏浪花舞——游泳

吴儿善泅（qiú）者数百，皆披发文身，手持十幅大彩旗，争先鼓勇，溯（sù）迎而上，出没于鲸波万仞中，腾身百变，而旗尾略不沾湿，以此夸能。

——《武林旧事》

梳理故事结构

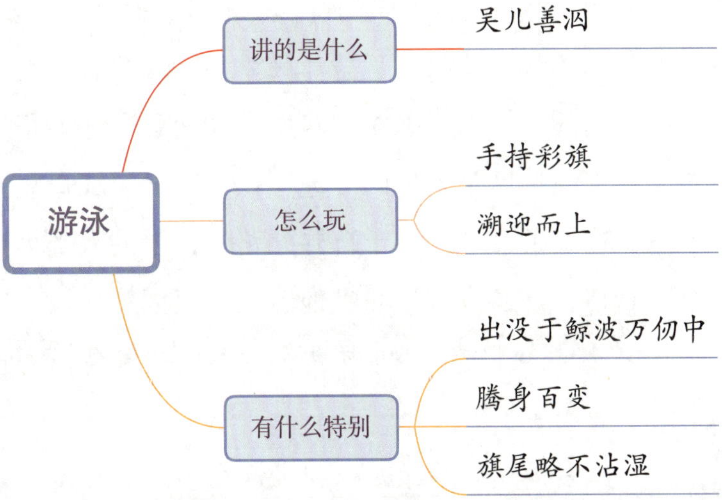

说说文章内容

今天这则小古文说的是全民娱乐项目游泳。

故事说的是，吴中有几百个擅长游泳的健儿，他们披散着头发，身体上有文身，手中拿着十幅大大的彩色旗帜，争先恐后，鼓足勇气，逆流迎着潮水而上，在巨浪中忽隐忽现。文中的“鲸波”指的是巨浪。鲸所到之处，波涛汹涌，所以文中称巨浪为“鲸波”。你想想，万仞高的巨浪，这个浪头得多高、多险呀！当然，这里的“万仞”是一种夸张的说法，不过也足见这些吴中健儿的游泳技术之高、胆量之大了呀！他们翻腾着身子，在巨浪中摆出各种姿势，但是手中彩旗的尾部却一点儿都没有被水沾湿，他们就是凭借这样的技术来夸耀自己的能耐。

在中国古代，游泳之戏一直兴盛不衰，高手辈出。

比如，两晋南北朝时期，很多人不仅善于游泳，还能负重游泳和长距离游泳。据说南朝名将杜曾少年时骁勇过人，能披着盔甲在水里游，是为负重游泳。《陈书》记载，周文育在 11 岁时就“能反复游水中数里”，这已经算是长距离游泳了。

隋唐时期是水上活动特别活跃的时代，游泳者技艺水平高超。唐代赵璘的《因话录》中记载了一个奇人叫胡曹，说他“身高八尺，多才多艺”。不仅精通各色曲艺，还熟读诗书，智慧非凡。最让人叹服的是他的水上绝活。他敢爬到百尺高的桅杆上，着衣往水里一跃而下，还能稳稳地正坐在水面上，就像坐在平地的席子上似的。他还让人把他装在口袋里，扎牢袋口，扔在江水里，这换了谁都无异于自寻死路呀，看的人都为他担心，但他却能及时解开袋口，钻了出来。而且他能在水里回旋出没，摆出千姿百态，潇洒自如，这都让观众目瞪口呆。胡曹游泳不仅技术高，而且花样也多，有点儿像水上的杂技表演了。

你们看，古人是多么热爱游泳，出现了这么多游泳技术高超的人！但是游泳毕竟是一项专业的体育运动，我们可不能随意模仿故事里的游泳方式哦！

理解重点词语

泅水

泅水 游水。

鲸波万仞

鲸波万仞 形容浪头极高。鲸波，巨浪。万仞，形容浪头极高，是虚指。

互文拓展阅读

孔子观于吕梁

话说春秋时期，有一天，孔夫子在吕梁山观光游览，忽然听到前方有水声轰鸣，循声前行，只见一巨型水幕从天而降，有 50 多米高，流下来的水溅出的泡沫足有 20 公里，看这样子就算是披鳞带鳍的生物也没有一个能在这里面游动。

正当孔夫子惊叹不已的时候，忽然瞥见一个男子跳到水中，不一会儿就沉进水里了。哎呀不得了，这人会不会是想不开要寻死呢。孔夫子赶紧叫他的弟子沿岸顺着水流跑去救人，谁知道人家在几百步外的水面钻了出来，还披散着头发，唱起了歌儿，在塘埂下漫步，甚是惬意。

孔夫子惊得张着嘴巴，硬是半天没合上，等他反应过来，赶紧追上几步，赶上那人，问他说："刚才我看见你往水里跳，还以为你不想活了，赶紧叫我弟子过去救你，没想到你一点事儿没有，我还以为你是鬼怪呢！但是仔细看看你，确实是人。那么请问你游泳有什么窍门吗？”

那人说：“我游泳没什么窍门，只是在水边生活，于是熟悉了水性而已。”

这是《庄子·达生》里记载的故事。孔子所见的“吕梁丈夫”游泳技艺高超，但他游泳的窍门很简单，就是顺从水的本性。这篇文章是为了表达顺乎自然本性的思想，但从故事里我们也能够了解在春秋战国时期已经有人在游泳时对水流流势、动态的把握相当到位，具备很高超的游泳技术了。

创意表达运用

其实游泳在现代依然十分受欢迎，相信你或者你的家人一定有过游泳的经历，请你试着写一写你在游泳中遇到的趣事，也写一篇“某某善泅”的小作文吧！

图书在版编目（CIP）数据

小古文大发现. 古人娱乐之趣 / 罗才军编著. --
杭州 : 浙江大学出版社, 2023.2
ISBN 978-7-308-23456-6

Ⅰ. ①小… Ⅱ. ①罗… Ⅲ. ①文言文－小学－教
学参考资料 Ⅳ. ①G624.203

中国版本图书馆CIP数据核字(2022)第253690号

小古文大发现 古人娱乐之趣

XIAOGUWEN DAFAXIAN GUREN YULEZHIQU

罗才军 编著

策划编辑 陈丽霞 肖 冰
责任编辑 肖 冰
责任校对 王品方
封面设计 项梦怡
责任印制 范洪法
出版发行 浙江大学出版社
（杭州市天目山路148号 邮政编码 310007）
（网址：http：//www.zjupress.com）
排 版 杭州林智广告有限公司
印 刷 杭州宏雅印刷有限公司
开 本 787mm×1092mm 1/16
印 张 6.75
字 数 86千
版 印 次 2023年2月第1版 2023年2月第1次印刷
书 号 ISBN 978-7-308-23456-6
定 价 25.00元

浙江大学出版社市场运营中心联系方式：0571－88925591；http：//zjdxcbs.tmall.com

会玩的古人——游泳

- **会玩的古人——游泳**
  - 什么是游泳
    - 一种水上体育运动
    - 人体在水中用腿、臂、躯干、头部动作，按一定要求，周而复始地游进
  - 西施善泅
    - 《述异记》中记载，西施是游泳高手，吴王夫差还为其修建泳池，并筑有“西施妆台”以便其更衣梳妆
  - 寻金练水军
    - 游泳找到沉在江里的黄金者，就能得到黄金。多大的诱惑呀，这也不失为一个训练水军的好办法
    - 宋时赵善缃教浮水军五百人，常以黄金沉江，使探得者辄予之，於是水艺极精，能潜行水底数里。（《天津海防善后章程》）
  - 探骊得珠
    - 当时封建帝王大肆开采珍珠，要想入水采珠就要练好泅水本领，入水采珍珠的活动也推动了游泳运动的发展
    - 河上有家贫恃尾蒲而食者，其子沉于渊，得千金之珠。（《庄子》）